KALBİME GİRMEDEN BEYNİMDE İŞİN NE?

ALİŞAN KAPAKLIKAYA

YEDİVEREN
YAYINLARI

KALBİME GİRMEDEN BEYNİMDE İŞİN NE?

Alişan Kapaklıkaya

Yediveren Yayınları
Tür: Gelişim

Yayın Yönetmeni
Gökhan Alperen Bayrak

Yayın Koordinatörü
Akif Bayrak

Görsel Yönetmen
Leyla Çelik

İç Tasarım
İbrahim Akdağ

ISBN
978-605-9780-17-9

Ekim 2015
Yayınevi Sertifika No: 29485
Tic. Sicil No: 893116

Baskı
Çalış Ofset
Matbaa Sertifika No: 12107
Davutpaşa Cad. Yılanlı Ayazma Sk.
No: 8 Davutpaşa / Topkapı / İstanbul
Tel: 0212 482 11 04

İzzettin Çalışlar Cad. Şair Orhan Veli Sk. No:4 D:4 Bahçelievler / İSTANBUL
Tel: +90 212 506 13 84 / +90 212 506 13 85 / Fax: +90 212 506 13 86
www.yediverenyayinlari.com / bilgi@yediverenyayinlari.com

KALBİME GİRMEDEN BEYNİMDE İŞİN NE?

ALİŞAN KAPAKLIKAYA

YEDİVEREN
YAYINLARI

"Hocam benim üç çocuğum var. Üçü de birbirinden çok farklı. O kadar uğraşmama rağmen bir türlü ders çalıştıramıyorum. Telefon sürekli ellerinde, bilgisayarın başından kalkmıyorlar ve ders kitaplarının kapağını bile açmıyorlar. Dün karnelerini aldık. Cevher'in 10 tane zayıfı var, Pınar'ın yedi, Yusuf'un da beş tane. Ne yapacağımı şaşırmış bir durumdayım. Ne olur bize yardım edin."

Hiç Düşündün mü?

Güler yüzlü sekreterimiz Banu kapıyı açtığında içeriye önce o girdi. Uzun boyu, kahverengi saçları, iri gözleri ve sapsarı ayakkabılarıyla salondaki tüm misafirlerin dikkatini çekiverdi. Arkasından ne yapacağını bilmez bir çaresizlikle gelen annesi ve varlığıyla yokluğu pek de belli olmayan babası girdi içeri. Çocuklarıyla aralarında bir sorun olduğunu anlayabilmek için psikolog ya da uzman olmaya gerek yoktu.

Boş koltuklara doğru yürürken gülümseyerek sordum:

"Ne o kız, seni zorla mı getirdiler buraya?"

Olduğu yerde kalakaldı, bir adım daha atmadan başını birdenbire çevirip bana baktı. Sonra hemen yanındaki annesini dirseğiyle dürterek fısıldadı:

"Gördün mü anne, adam görür görmez anladı."

Pencere kenarına doğru ilerleyip boş koltuklara oturdular. Onlara "Hoş geldiniz." demenin dışında hiçbir şey söylemeden bir yandan daha önce gelen misafirlerle sohbet etmeye devam ederken, bir yandan da onları süzüyordum. Üçü de huzursuz, mutsuz ve sıkıntılı görünüyordu.

"Hocam benim üç çocuğum var." diye anlatmaya başladı onlardan yarım saat önce gelen Sultan Hanım. "Üçü de birbirinden çok farklı. O kadar uğraşmama rağmen onları bir türlü masanın başına oturtamıyorum, ders çalıştıramıyorum. Telefon sürekli ellerinde, bilgisayarın başından kalkmıyorlar ve ders kitaplarının kapağını bile açmıyorlar. Dün karnelerini aldık. Cevher'in 10 tane zayıfı var, Pınar'ın yedi, Yusuf'un da beş tane. Ne yapacağımı şaşırmış bir durumdayım. Ne olur bize yardım edin."

Sultan Hanım bunları anlatırken üç çocuğu da başını öne eğmiş, büyük bir suç işlemiş gibi yere bakıyordu.

"Cevher, kaçıncı sınıftasın?"

"Lise bir."

"Kaç dersin var?"

"12 tane."

"Hangileri zayıf değil?"

"Beden Eğitimi ve Coğrafya."

"Pınar, sen kaçtasın?"

"Onuncu sınıf."

"Okulu seviyor musun?"

"Hayır."

"Hedefin de yoktur o zaman."

"Var."

"Neymiş o?"

"Benim ilk ve en büyük hedefim annemin dırdırından kurtulmak."

"Çok mu konuşuyor annen?"

"Evet, hem de hiç susmuyor."

"Okula niye gidiyorsun, gitme o zaman?"

"Babamın korkusundan."

"Dövüyor mu seni?"

"Evet."

Gözyaşlarına hâkim olamadı Pınar. Kendini sıktı, dudaklarını ısırdı ve daha fazla dayanamayıp hıçkırmaya başladı. Psikolog arkadaşım Gönül hemen onun yanına gelip elinden tuttu ve diğer odaya götürdü.

"Sultan Hanım gördüğüm kadarıyla çocuklar biraz sıkıntı yaşıyorlar. Mutlu görünmüyorlar. "

"Sadece çocuklar değil hocam, hepimiz ailece zor günler geçiriyoruz."

"Yusuf sen kaçıncı sınıftasın?"

"Yedinci sınıftayım."

"Senin de beş zayıfın var öyle mi?"

"Hayır, benim zayıfım yok."

"Yok mu, annen beş tane olduğunu söyledi."

"Onlar annemin zayıfları."

"Anlamadım, annenin mi?"

"Evet annemin, çünkü ben annem için okula gidiyorum."

Sultan Hanım başını çevirip ters ters bakınca Yusuf sustu.

Tam bu sırada Banu çay, kahve ve soğuk içeceklerden oluşan tepsiyle salona girip ikramda bulunmaya başladı.

Bana cennet ikramı gibi gelen çok güzel çaydan bir yudum çekip, az önce içeri giren uzun boylu kıza döndüm:

"Senin adın ne canım?"

"Duygu."

"Annesi müdahale etmede gecikmedi:

"Soyadını da söylesene kızım."

"Duygu Başaran."

"Seni buraya zorla getirdiler değil mi?"

Duygu doğruyu söyleyip söylememek arasında gidip gelirken annesine döndüm:

"Sana nasıl yardımcı olabilirim?"

"Biz bir komşumuzun tavsiyesiyle geldik."

"Kendin için mi?"

"Hayır, çocuğum için."

"Çocuğun buraya gelmeyi akıl etmiyor mu, sen niye geldin?"

"Az önceki hanımefendinin söylediği gibi dersler bizim aramızda da sorun oluyor. Ders çalışmıyoruz, test çözmüyoruz, sınava hazırlanmıyoruz..."

"Bir dakika, bir dakika, anlamadım. Çalışmıyoruz derken... Siz de mi sınava giriyorsunuz?"

"Hayır, çocuğumdan bahsediyorum."

"Yani Duygu'dan mı?"

"Evet."

"Duygu kimin çocuğu?"

Anne-baba hiç beklemedikleri bu soru karşısında birbirine baktılar.

"Size soruyorum bu çocuk kimin?"

"Bizim."

"Dersler kimin?"

"Anlamadım."

"Dersler diyorum, kimin?"

"İkimizin, yani şey... Onun..."

"Sizin gibi anamla babam olsa ben okula bile gitmem." Duygu kahkahayı attı. Cevher, Yusuf ve salondaki diğer misafirler de güldüler bu sözüme.

"Bana bak Duygu, okuma kız. Ben senin yerinde olsam okula mokula gitmem, ders mers çalışmam. Aha bunlar okumuş da ne olmuş, boşuna okumuşlar."

Salondakilerin gülüşmeleri arasında Duygu annesine dönüp:

"Anne bu adam aynı benim kafadanmış." deyiverdi.

Duygu'nun babasına dönüp: "Senin adın ne?" diye sordum.

Adam belki de hiç beklemediği bu sıra dışı yaklaşımım karşısında öyle şaşkındı ki adını zor söyledi.

"Oktay."

"Ya senin?"

"Ayça."

"Oktay, okudun da ne oldu sanki? Sen ne iş yapıyorsun?"

"Öyle deme hocam ben Yargıtay'da hâkimim."

"Hâkim mi?"

Şaşkınlık sırası bendeydi.

"Sen ne iş yapıyorsun?" diye sordum Duygu'nun annesine.

"Ben başhekimim."

"Başhekim olmuşsun, yaraları iyileştiriyorsun, hastalıkları tedavi ediyorsun, insanların ağrılarını, acılarını anlıyorsun da, bir tek Duygu'yu anlamıyorsun öyle mi?"

Bunu söylerken yan gözle Duygu'ya baktım. Anlaşılmanın verdiği sevinçle oldukça rahatlamış görünüyordu, gülümserken ağzı kulaklarına varıyordu neredeyse.

"Nasıl gidiyor?" anlamında göz kırptım. Elini, annesiyle babasının göremeyeceği bir şekilde, bütün parmaklarının ucunu birleştirip mükemmel der gibi sallıyordu.

"Hocam ben de size bir şey sorabilir miyim?"

"Buyurun Yılmaz Bey."

"Hocam benim de iki çocuğum var. Birinde sorun yok ama diğeriyle ciddi sıkıntılar yaşıyoruz."

"Ne gibi sıkıntılar?"

"Kızım Sıla okuldan gelir gelmez çantasını bir tarafa atıp bilgisayarın başına oturuyor. 'Dersin yok mu?' dediğimde 'Bidakka' diyor. Aradan yarım saat geçiyor, gene 'Bidakka' diyor. Hocam bizim evde bu bidakka hiç bitmiyor."

"Bidakka Yılmaz Bey, bu anlattığınız sıkıntı çocuğun mu, sizin mi?"

"Anlamadım hocam."

"Anlattığın 'bidakka' durumundan çocuğunuz mu rahatsız oluyor, yoksa siz mi rahatsız oluyorsunuz? Bu kimin sorunu?"

"Çocuğun."

"Emin misiniz?"

"Şey, ben rahatsız oluyorum."

"O zaman sen otur Sıla gitsin. Anladığım kadarıyla çocuk mutlu ve rahat."

Sohbetin başından beri hiç konuşmadan sadece dinleyen Serpil Hanım söze karıştı:

"Hocam bizde ders çalışmak gibi bir sorun yok. Kızım çok çalışır, bazen o kadar çok çalışır ki onu zorla masanın başından kaldırırız."

"Eee Serpil Hanım, senin derdin ne o zaman?"

"Kızım Neslihan'da aşırı bir heyecan var, sınavlar yaklaştıkça panik yapar, eli ayağı titrer. Kendine güveni çok az. 'Ya kazanamazsam, ya başaramazsam, ya verdiğiniz tüm emekler boşa giderse?' diye üzülüp durur."

"Sen de onun üzülmesine üzülüyorsun öyle mi?"

"Evet hocam, aynen öyle. Okul, dersler, sınavlar önemli ama yavrumun sağlığı daha önemli."

O gün gelen misafirler arasında ilk defa bir annenin çocuğun derslerinden önce sağlığını önemsemesi çok hoşuma gitti.

"Haklısın Serpil Hanım, farklı bakış açın için çok teşekkür ederim. Hepimiz çocuklarımızın huzuru, başarısı, mutluluğu ve geleceği için yaşıyoruz, ancak bunları elde edeceğiz diye sağlığını kaybedersek ne anlamı kalıyor ki?"

Banu elinde meyve dolu kocaman bir tepsiyle geldi. "Buyurun afiyet olsun. Meyvenin yanında içecek bir şeyler alır mıydınız?"

"Neler alabiliriz mesela?"

"Çay, kahve, kuşburnu, kekik, ayran, gazoz, limonata... Daha sayayım mı?"

"Say say."

"Portakal suyu, nar suyu, havuç suyu, musluk suyu..." Çocuklar gülüştü musluk suyunu duyunca.

"Şimdiye kadar anne-babalar konuştu. Daha çok çocuklardan ve gençlerden şikâyet ettiler. Anladığım kadarıyla çocukların evde ve okulda derslerle ilgili bazı sorunları var. Bu sorunların çözümü için anne-babalar çocuklardan daha çok çaba gösteriyorlar. Bu durum sorunları daha da çözümsüz kılıyor. Düşünsene annem hasta, ancak doktor onun yerine babamı ameliyat ediyor. Sence böyle bir durumda ne olur?"

"Anne iyileşemeyeceği gibi baba da sağlığını kaybetme tehlikesiyle karşı karşıya kalabilir."

"Hatırlar mısınız, yıllar önce televizyonlarda bir aşı kampanyasının tanıtımı vardı. Baba aşı olmak için hastaneye gittiğinde hemşire, 'Çocuk nerede?' diye sormuştu. Baba da 'O daha küçük, iğne kolunu acıtır, onun yerine ben aşı olacağım.' demişti.

Hepiniz buraya çocuklarınız için geldiniz. Buraya çocuğundan önce kendisi için gelen bir anne-babaya daha rastlamadım.

Müsaade ederseniz ben biraz da yavrularınızı dinlemek istiyorum. Bakalım onlar sizin sorun gördüğünüz konularla ilgili ne düşünüyorlar, bakalım olaylara onlar da sizin gibi mi bakıyorlar? Sizin onlardan birçok şikâyetiniz var ya, bakalım onların da sizinle ilgili şikâyetleri var mı? Dinleyelim bakalım onlar ne diyecekler?"

"Hocam burada herkesin önünde mi konuşacaklar?"

"Evet Sultan Hanım bir sakıncası var mı?"

"Bilmem ki hocam, bu doğru olur mu?"

Yusuf heyecanla söze karıştı:

"Olur olur. Siz bizimle ilgili her şeyi herkesin önünde anlatırken iyi mi anne?"

"Burada hep beraber çocuklarımızın sesini kendi ağızlarından duyalım istiyorum. Bizler anne-baba olarak onlara sürekli olarak bir şeyler anlatmanın derdine düşüp onları hiç duymayabiliyoruz. Biz onları duymayınca onlar da bizi dinlemeyi hiç istemiyor olabilirler. Neyse ben de onların adına konuşmayayım. Buyurun gençler söz sizde."

"Anne bak, kardeşlerim okula gidemiyorlar, çoğu zaman aç yatıyorlar, hastalandıklarında tedavi olamıyorlar. Bir kardeşim yoksulluğun verdiği imkânsızlıklar içinde ölmedi mi? Sizin için, kardeşlerim için, akrabalarım için, köyümüz için, hatta yoksul ülkemiz için bir şeyler yapmalıyım. Lütfen anne, lütfen."

Beni Bırakıp Gitme...

Çıktığım yolda açlıktan ölmemek için yanıma beş gün yetecek kadar yiyecek ve ormanda karşıma çıkabilecek vahşi hayvanlardan kendimi korumak için küçük bir balta aldım. Bir de benim için çok değerli iki hazine olan ve o güne kadar elimden hiç düşürmeyip sık sık okuduğum iki kitap: Birincisi kutsal kitap, ikincisi de Göçmenin İlerleyişi.

Zambiya'da kabilemin yaşadığı köyden yola çıkıp vahşi Doğu Afrika topraklarını aşarak önce Mısır'ın başkenti Kahire'ye varacaktım. Oradan da bir gemiye binip yükseköğrenim görmek üzere Amerika'ya gidecektim. Bu yolculukta belki de o güne kadar hiçbir insanın girmediği vahşi ormanları, uçsuz bucaksız çölleri, geçit vermeyen dağları ve üzerinde köprü olmayan derin nehirleri geçmek zorunda olduğumu ve bunun tek başına olan bir insan için çok ürkütücü ve tehlikeli olduğunu bilmeme rağmen yola çıkmaya karar vermiştim.

Bu yolculuğun ilk adımını attığımda tarihler 1958'in Ekim ayını gösteriyordu. O zaman 17 yaşındaydım. Annemle babam okuma-yazma bilmiyorlardı ve dağlarla çevrili köyümüzün dışına hiç çıkmamışlardı. Misyonerler gelene kadar tüm dünyanın bizim köyümüzden ibaret olduğunu zannediyorlardı. Yabancıların açtığı okula gitmeden önce ben de öyle zannediyordum. Yükseköğrenim görmek için gitmeye karar verdiğim Amerika'nın nerede ve ne kadar uzaklıkta olduğundan ne annemle babamın haberi vardı, ne de benim haberim.

Üniversite eğitimi almak amacıyla Amerika'ya doğru yola çıkma kararımı aileme söylediğimde şaşırdılar. Beni göndermek istemediler.

"Gitme yavrum." dedi annem. "Bizi merakta bırakıp gitme. Orada başına neler gelecek bilmiyorum, korkuyorum oğlum, ne olur gitme."

Benim düşlerim vardı, yüreğimi yakan hayallerim, beni yerimde durdurmayan ve kendine doğru çeken ideallerim vardı. Kendime bir hedef belirlemiştim. Oraya gitmeliydim ve hayalimdeki eğitimi görmeliydim.

Gitmeliydim, çünkü yoksul bir aileden geldiği halde kendisine çok güzel bir hedef belirleyen, karşısına çıkan engelleri aşarken yıkılsa da vazgeçmeden kalkıp yoluna yeniden devam eden, azimli çalışmalarının sonunda Amerika'ya başkan olan ve daha sonra benim gibi siyahları kölelikten kurtarmaya çalışan Abraham Lincoln gibi kahraman olmak istiyordum.

Gitmeliydim, çünkü kölelik zincirlerine karşı çıkıp Amerika için büyük bir eğitimci, yenilikçi ve değişimci olmayı başaran, siyah insanlara umut ve saygınlık kazandıran Booker T. Washington gibi olmak istiyordum.

Örnek aldığım bu büyük liderler gibi ben de insanlık için çalışmak, dünyada bir şeyleri değiştirmek, yoksulluğu yok etmek, açlığı ortadan kaldırmak, kabileler arasındaki savaşları durdurmak ve başka ülkelerden gelen insanların elimizdeki zenginlikleri almasını önlemek istiyordum. Bu amacımı gerçekleştirebilmem için birinci sınıf bir eğitim almam gerekiyordu. Bu eğitimi görebileceğim en iyi yerin de Amerika olduğunu düşünüyordum.

"Gitmeme izin verin anne, lütfen baba izin verin." "Senden başka giden var mı oğlum? Bizi ve kardeşlerini bırakıp gitme. Hep yanımızda ol."

"Anne bak, kardeşlerim okula gidemiyorlar, çoğu zaman aç yatıyorlar, hastalandıklarında tedavi olamıyorlar. Bir kardeşim yoksulluğun verdiği imkânsızlıklar içinde ölmedi mi? Sizin için, kardeşlerim için, akrabalarım için, köyümüz için, hatta yoksul ülkemiz için bir şeyler yapmalıyım. Lütfen anne, lütfen."

"Tamam." dedi babam.

"Biz annenle bu konuyu akşam kendi aramızda konuşup değerlendirelim, kararımızı yarın sana bildirelim."

O akşam uyuyamadım heyecanımdan. "Acaba?" diye başlayan cümleler beynimi kemirip duruyordu. Bir yandan ailemin beni gönderip göndermeyeceğini merak ediyor, diğer yandan da Amerika'daki üniversitelerle ilgili hayaller kuruyordum.

Sabah olduğunda merakla yanlarına koştum.

"Yavrum sana verebileceğimiz bir yol parası bile yok."

"Biliyorum baba, olmadığını biliyorum."

"Oraya yapacağın gemi yolculuğu için bir biletin bile yok!"

"Evet, yok anne."

"Nasıl bir üniversiteye gideceğini ve seni oraya alıp almayacaklarını da bilmiyorsun."

"Evet bilmiyorum."

"Yürüyerek mi gideceksin?"

"Evet."

"Yolda vahşi hayvanların seni parçalama tehlikesi var."

"Evet anne."

"Yolunu şaşırıp ormanda kaybolma, bilmediğin insanlar tarafından esir alınma, açlıktan ölme tehlikesi de var."

"Evet, var baba."

"Şimdi seni nasıl gönderelim yavrum?"

"Endişelerinizde haklı olabilirsiniz, bununla birlikte benim çok iyi bildiğim bir şey var."

"Neymiş o?"

"Ben Amerika'ya gidip eğitim alma konusunda çok kararlıyım, okuldaki misyonerlerle konuştum, bana her şeyi anlattılar, eğer oraya gidebilirsem çok başarılı olacağımı söylediler. Oraya gitmeyi her şeyden çok istiyorum. Lütfen baba izin verin."

Annemle babam içlerinden gelmese de, isteğimin çok yürekten olduğunu, ruhumu tutuşturan heyecanımı, hedefime odaklandığımı ve bu konudaki kararlılığımı görünce gitmeme razı oldular.

Hayalimi kurmuş, hedefimi belirlemiş ve harekete geçmeye karar vermiştim. Ne yapacağımı bilmekle beraber, nasıl yapacağımı henüz bilmiyordum.

"İnsanın nefret ettiği bir şeyi yapmak zorunda kalması ne zordur değil mi?" "Evet hocam, ödev yapmak bana işkence gibi geliyor ve be her gün o işkenceyi çekmek zorunda kalıyorum. Ailem beni hiç dinlemiyor ki, birkaç defa anneme anlatmak istedim, daha ağzımı açar açmaz 'Ödevlerini bitirdin mi, dersini yap sonra konuşalım.' diye lafı ağzıma tıkadı. Kendimi evde yalnız, sahipsiz, anlaşılmamış, gereksiz biriymişim gibi hissediyorum. Bazen bir eşyadan farksız olduğumu düşünüyorum. Dersler, ödevler, notlar benden daha önemli."

Dersler Benden Daha mı Önemli?

"Haydi gençler, anlatın bakalım, nedir bu okuldan ve derslerden çektiğiniz?"

"Derslerden çekmiyoruz ki ana-babadan çekiyoruz!"

"Nasıl yani?"

"Mesela ben okulda günde 6–7 saat ders görüyorum. 10 dakikalık teneffüsün dışında sabahtan akşama kadar hiç kıpırdamadan oturmak zorundayım. Susmak ve doğru dürüst ders anlatamayan öğretmenleri dinlemek zorundayım. Öğrenmek zorunda olduğum derslerin hayatta ne işime yarayacağını da bir türlü anlamış değilim.

Sıkılıyorum, bunalıyorum, bir an önce kendimi sınıfın ve okulun dışına atmak istiyorum."

"Ne zor bir durum değil mi? Belki de son derste katlanamayacak bir noktaya geliyorsun."

"Evet, patlayacak gibi oluyorum."

"Canım yaa..."

"Son dersten çıkınca rahat bir nefes alıyorum. Yorgun argın eve geliyorum. Dinlenmek için kendimi kanepenin üzerine atıp uzanmak istiyorum. Bu duygularla zile basıyorum."

"Eee sonra ne oluyor?"

"Kapıyı açar açmaz istiyorum ki annem bana 'Hoş geldin.' desin, sarılsın ve beni öpüp günümün nasıl geçtiğini sorsun."

"Sormuyor mu?"

"Soruyor. Hem de ne soruyor biliyor musunuz?"

"Ne soruyor?"

"Daha ben çantamı bile indirmeden soruyor: 'Ödevin var mı?'"

"Zıkkımın kökü diyesim geliyor ama diyemiyorum işte."

"Ama oğlum ben senin için..."

"Sultan Hanım sus. Lütfen sus. Hiçbir açıklama yapma. Sadece dinle. Farz et ki Cevher değil de başka birisinin çocuğu konuşuyor."

"Hocam ben..."

"Sultan Hanım, bir şey açıklamanı bekleyen yok, lütfen."

...

"Ödevin var mı sorusunu duyunca cinlerim tepeme çıkıyor. Okuldan da, derslerden de, ödevlerden de, ödevi veren öğretmenlerden de annemden de..."

"Evet."

"İyice soğuyorum, uzaklaşıyorum, nefret ediyorum nefreeet!"

Cevher farkında olmadan sesini yükseltmişti. Konuşurken bacaklarını sağa sola sallıyor, dudaklarını ısırıyor ve ellerinin titremesine engel olamıyordu. Anladığım kadarıyla duygularını bastırmış, sesini kısmıştı bugüne kadar.

Şimdi kendini ifade etme fırsatını bulunca da yıllardır içinde tuttuğu feryatlarını duyurmaya başlamıştı.

"İnsanın nefret ettiği bir şeye yaklaşmak zorunda bırakılması ne zordur değil mi Cevher?"

"Evet hocam, ödev yapmak bana işkence gibi geliyor ve be her gün o işkenceyi çekmek zorunda kalıyorum."

"Bunu ailene anlatmadın mı hiç?"

"Dinlemiyorlar ki, birkaç defa anneme anlatmak istedim, ancak daha ağzımı açar açmaz 'Ödevlerini bitirdin mi, yoksa okulda yine bir problem mi yaşadın, dersini yap sonra konuşalım.' diye lafı ağzıma tıkadı.

Kendimi evde yalnız, sahipsiz, kimsesiz, anlaşılmamış, gereksiz biriymişim gibi hissediyorum. Bazen bir eşyadan farksız olduğumu düşünüyorum.

Dersler, ödevler, notlar benden daha önemli.

Cevher'in konuşması bittiğinde derin bir sessizlik çöktü herkesin üzerine. Sultan Hanım kimseye fark ettirmeden yanaklarından aşağı süzülen gözyaşlarını silmeye çalışıyordu.

"Hocam bence Cevher arkadaşımızın anlattıklarının hepsi doğru."

"Nereden biliyorsun Sıla?"

"Bizde de buna benzer şeyler oluyor."

"Ne gibi şeyler?"

"Ben okuldan yorgun olarak gelince bilgisayarda biraz vakit geçirmek istiyorum. Bu sırada annem televizyondaki ikindi dizilerini seyrediyor. Ben odamda bilgisayar oynarken annem televizyonun başından bana bağırıyor: 'Sılaaa yarına ödevin yok mu?' "

"Yok anne!"

"O zaman bugünkü derslerini tekrar eeet."

"Tamam anneee!"

"Bu didişme babam gelene kadar sürüyor. Babam beni bilgisayarın başında görünce anneme soruyor: 'Bu yine sabahtan beri bilgisayarın başında mı? Annemin cevabı: 'Okuldan geleli daha hiç kalkmadı ki.'

Annemin bu sözlerine sinir oluyorum ve ders çalışmam gerektiğini bildiğim halde sırf onlara gıcıklık olsun diye inadına çalışmıyorum. Sonra babam başlıyor: 'Hadi Sıla biraz ders çalış.'

'Tamam bidakka.' diyorum. Babam ardından gülümsüyor gibi yaparak 'Bidakka geçti yavrum ama sen daha kalkmadın.' diyor.

Aslında bana sinirlendiğini hissediyorum ama babam sinirini belli etmemek için gülümsüyormuş gibi yapıyor. Sanki ben anlamıyorum."

Çocuklar içlerinde biriktirdikleri olumsuz duyguları boşalttıkça rahatlıyorlar ve ağır yükünü indiren gemiler gibi hafifliyorlardı.

"Sizin mahallede ne var ne yok Duygu?"

...

"Senin gibi cici bir kızın anlatacaklarını da dinlemek istiyorum."

Duygu önce, hâkim olan babasına, sonra da doktor olan annesine baktı.

"Yoksa sen konuşunca sizinkilerin karizması mı çizilecek?"

"Hocam benim kızım sekiz yıldır..."

"Ayça Hanım izin ver de Duygu konuşsun."

"Ben şey diyecektim..."

"Bir şey deme lütfen. Sen birinin hastalığını başka birinden dinliyor musun?"

"Ben lise sondayım hocam. Bu yıl üniversite sınavlarına hazırlanıyorum."

"Hedefin var mı?"

"Yok."

"Nereye hazırlanıyorsun o zaman?"

"Aslına bakarsanız hazırlanmıyorum, daha doğrusu içimden pek çalışmak gelmiyor."

"Bunun bir sebebi vardır."

"Babam yıllardır hukuk okumamı istiyor, annem de tıp okumam konusunda ısrar ediyor."

"Peki sen ne istiyorsun?"

"Bilmiyorum."

"12 yıldır okula gidiyorsun ve hâlâ ne okumak istediğini bilmiyorsun öyle mi?

"Annemle babamdan fırsat bulamadım ki."

"Dershaneye gidiyor musun?"

"Evet, hem de sekiz yıldır."

"Nee, yanlış duymadım değil mi?"

"Doğru duydunuz, ben tam sekiz yıldır aralıksız dershaneye gidiyorum ve özel ders alıyorum."

"Puanların nasıl, ful çekiyorsun herhalde?"

"Hayır hocam, puanlarım çok düşük, barajı bile zor geçiyorum."

"Şaka yapıyorsun değil mi?"

"Hayır, hiç de şaka yapmıyorum ve çok ciddiyim. 500 üzerinden 190–200 puan ancak alabiliyorum."

"Bunu başka yerde söylesen büyük ihtimal sana bu kız salak derler."

"Ben salak değilim."

"Doğru, salak bile senin yanında akıllı sayılır."

"Yaaa..."

"Ne yaaa'sı? Annenle baban üniversite mezunu olsunlar, senin için varını yoğunu ortaya koyup dershaneye göndersinler, özel ders aldırsınlar, özel okullarda okutsunlar ve sen barajı zor geç. Sence bu salaklık değil de ne?"

"Bilmiyorum, ne yapacağımı bilmiyorum."

"Dur şimdi sana haksızlık yapmayayım, doğru, salak değilsin ama salaklık yapıyorsun."

"O ne demek?"

"Akıllı ve zeki olduğu halde aklını kullanmayanların salaklık yaptığına inanıyorum."

"Peki bundan sonra ne yapabilirim?"

"Bu gidişle bugüne kadar yaptıklarından başka bir şey yapamazsın."

"Bu gidişle..."

"Evet."

"Başka bir gidiş var mı?"

"Annenle baban isterse yok, sen istersen var."

"İstiyorum."

"Sus, numara yapma."

"Gerçekten."

"Göreceğiz."

Ayça Hanım daha fazla dayanamadı:

"Hocam birçok yol denedik olmadı. Tek umudumuz siz kaldınız. Lütfen bize yardımcı olun, lütfen."

"Gençleri anlamak için dört yıl üniversiteye devam ediyoruz, kitaplar okuyup öğretmen oluyoruz, sonra diplomamızı alıp bu yavruların karşısına çıkıyoruz ve şaşırıp kalıyoruz. Biz sınıfa onlar için geldiğimizi söylerken onların bizden bu kadar uzak oluşuna çok şaşırıyorum. Eğitim fakültelerinde öğrendiklerimiz bu yavrularla iletişim kurmamıza yetmedi hocam. Bu çocuklarda bilgi yok ama birbiriyle çok iyi anlaşıyorlar, biz güya çok bilgiliyiz ancak çocukların dünyasına girip onlarla anlaşamıyoruz. Bizde mi bir sorun var yoksa onlarda mı anlamadım gitti."

Benzinli Araba Ayranla Çalışır mı?

"Neslihan."

"Buyurun hocam."

"Sen niye bu kadar çok çalışıyorsun?"

"Derslerimi öğrenmek ve iyice anlamak için."

"İyi de öğrenmek için bu kadar çok çalışmaya gerek var mı?"

"Ben ancak anlıyorum."

"Dersleri sınıfta dinlemiyor musun?"

"Hayır dinleyemiyorum."

"Neden?"

"Çünkü sıkılıyorum."

"İnsan durup dururken sıkılır mı?"

"Öğretmenlerin bazıları dersleri hiç güzel anlatmıyorlar. Tarihçi çok monoton anlatıyor uykum geliyor, ne dediğini, ne anlatmak istediğini hiç anlamıyorum çünkü anlattıkları konular kafamda şekillenmiyor. Matematikçi konuyu kısaca anlatıp sürekli test çözdürüyor. Fizik dersinden deney yapmak istiyorum ama öğretmen bizi laboratuvara götürmüyor. Dinci sürekli kitaptan okutturup sure ve ayet ezberletiyor."

"Bunların hiçbiri sana göre değil öyle mi?"

"Evet hocam. Ben de konuları evde okuyup özet çıkartıyorum, bu da benim çok zamanımı alıyor."

"Peki ya heyecanın?"

"Hocam ben de söylüyorum..."

"Serpil Hanım başta ne dedim, unuttun mu? Ben önce sizi dinledim, şimdi de çocuklarınızı dinlemek istiyorum. O yüzden sen bir şey söyleme."

"Tamam hocam kusura bakmayın."

"Evet Neslihan, sınavlar yaklaştıkça ne oluyor?"

"Liselere giriş sınavında panik yapmıştım, o yüzden odaklanamadım, sorulara yoğunlaşamadım, dikkatim dağıldı ve beklediğimden daha az soruya doğru cevap verebildim. Bu yıl üniversite sınavına gireceğim ve aynı kilitlenmeyi tekrar yaşamaktan endişe ediyorum."

"Anlıyorum canım, başka?"

"Ailem bana çok emek verdi, benim için çok masraf ettiler. Kazanamazsam ailemin tüm emekleri boşa gider diye de korkuyorum. Eğer bir meslek sahibi olamazsam babamın başı öne eğilir, annem komşulara karşı mahcup olur, ben akrabalarımızın önünde rezil olurum."

"Bu üzücü durumlara düşmemek için de çok çalışıyorsun öyle mi?"

"Evet hocam."

"Neslihan başarılı olmak için çok çalışmak gerekmez."

"Çok çalışmazsak nasıl başarılı olabiliriz ki?"

"Çok çalışanlar değil, nasıl çalışacağını bilenler başarılı olurlar. Mesela sen beyninin nasıl çalıştığını biliyor musun, yani kendi öğrenme biçimini?"

"Nasıl yani, benim herkesten ayrı bir öğrenme biçimim mi var?"

"Herkesten ayrı olup olmadığını bilmiyorum ama senin kendine ait bir öğrenme stilin var."

"Herkesin beyni aynı çalışmıyor mu?"

"Sence benzinli araba ayranla çalışır mı?"

"Çalışmaz tabii ki!"

"Peki canım senin beynin neyli, yani neyle çalışıyor?"

"Hocam kafam karışıyor."

"Bak buna sevindim, kafa karışıklığı öğrenmeye başlamanın ilk adımıdır ve bu yüzden harikadır."

"Hocam izninle ben de bir şey söyleyebilir miyim?"

"Buyurun, sizinle tanışmadık değil mi?"

"Evet hocam. Ben Erkan Koca. 20 yıllık öğretmenim. Ben de diğer arkadaşlar gibi çocuğum için gelmiştim."

"Erkan Hocam şimdi çocuklar konuşuyor."

"Biliyorum, zaten konuşulanları dinleyince çocuğumla ilgili konuşmaktan ve onu şikâyet etmekten vazgeçtim. Gençleri anlamak için dört yıl üniversiteye devam ediyoruz, psikoloji, sosyoloji, gelişim ve iletişim kitapları okuyup öğretmen oluyoruz, sonra diplomamızı alıp bu yavruların karşısına çıkıyoruz ve şaşırıp kalıyoruz. Çocuklar ve gençler konuşunca kendimi suçlu hissettim. Biz sınıfa onlar için geldiğimizi söylerken onların bizden bu kadar uzak oluşuna çok şaşırıyorum."

"Doğrusu ben de bir baba olarak her şeyi yaptığına inanıp evladıma ulaşamamanın çaresizliğini yaşıyorum."

"Yılmaz Bey, çocuklarımız için her şeyi yapıyoruz derken..."

"Hocam hani büyüklerimiz derler ya yemedim yedirdim, içmedim içirdim, giymedim giydirdim, bir dediğini iki etmedim, hiçbir şeyi eksik bırakmadan her şeyi yaptım, elimden gelen her şeyi."

"Bunları çocuğun istediği için mi yaptın, yoksa sen istediğin için mi?"

"Onun istemesini bile beklemeden yaptım."

"Neden peki?"

"Onun için."

"O istedi mi bunları?"

...

"Ne dersin Yılmaz Bey, yavrun bu yaptıklarını yapmanı istedi mi?"

"Eskiden yoksulluk vardı, biz bir şeyler isterdik ama babamız almazdı."

"Sen de aslında çocuğunun istediklerini almamışsın ki..."

"Peki yaptığım bunca masraf, verdiğim bunca emek, bunca harçlık..."

"Boşuna yapmışsın."

"Boşuna mı?"

"Evet."

"Nasıl olur?"

"Bunlar çocuğunun istediği şeyler değil ki..."

"Peki ne yapacağız?"

"Hiçbir şey yapma."

"Anlamadım."

"Anlasaydın yapmazdın zaten."

"Valla benim de kafam karışmaya başladı."

"Kafa karışıklığı iyi ve faydalı bir şeydir dedim ya..."

"Evet Erkan Hocam, öğretmen olarak bu yaşananlar senin açından nasıl görünüyor?"

"Üniversitelerde, eğitim fakültelerinde öğrendiklerimiz bu yavrularla iletişim kurmamıza yetmedi hocam. Bu çocuklarda bilgi yok ama birbiriyle çok iyi anlaşıyorlar, biz güya çok bilgiliyiz ancak çocukların dünyasına girip onlarla anlaşamıyoruz. Bizde mi bir sorun var yoksa onlarda mı anlamadım gitti."

"Hocam bunu çocuklara soralım mı, hazır onlar da buradayken."

"Soralım."

"Duygu lise sondasın değil mi?"

"Evet."

"Merak ediyorum Duygu, 12 yıldır okula ve aynı zamanda sekiz yıldır da dershaneye gidiyorsun. Bununla beraber sürekli özel ders alıyorsun."

"Evet hocam."

"Sınavda kaç soru soruluyor?"

"160 soru."

"Peki, sen bu soruların kaçını doğru cevaplandırıyorsun?"

"30–35 arasında değişiyor."

"Yaklaşık %20 öyle mi?"

"Evet."

"Peki neden böyle, sence nerede bir sorun var? Sende mi, ailede mi, öğretmende mi, kitaplarda mı, sınavlarda mı?" Duygu başını eğdi. Konuşmadı, derin düşüncelere dalıp gitti. Belli ki kendi içerisinde bir yolculuğa çıkmıştı.

Pınar uzun zamandır telefonunu elinden bırakmıyor, yüzündeki gülümsemeye bakılırsa arkadaşlarıyla mesajlaşıyordu. Bedeni salonda olmasına karşın dikkati telefonun ekranındaydı:

"Pınarcığım sorduğum sorunun cevabını telefondan arar gibisin."

"Yok hocam arkadaşım bir şey sordu da ona cevap veriyordum."

"Bence arkadaşlarının sorduğu tüm sorulara cevap verebiliyorsun."

"Evet, hemen hemen öyle."

"Şunu merak ediyorum Pınar, arkadaşlar kendi aralarında bir konuyu sadece bir defa konuşurlar ve o konuşmayı kolay kolay unutmazlar. Ancak öğretmenler bir konuyu defalarca anlatırlar ve on iki yıl boyunca aynı konuları sürekli tekrar ederler. Sonra ÖSYM çıkar bu anlatılanlardan bazılarını sınavda 160 soru olarak sorar ve öğrencilerin çoğu bu sorulara doğru dürüst cevap veremezler. Soruların tamamını hatırlayabilen yani öğrenci tabiriyle ful çeken birkaç öğrenci çıkmasına rağmen hiçbirini hatırlamayan, yine öğrenci deyişiyle sıfır çeken binlerce öğrenci çıkar. Bu bana çok ilginç geliyor."

"Hocam çok haklısınız."

"Anlattıklarınızın yüzde yüzüne katılıyorum."

"Çok doğru."

"Sorun nerede acaba?"

"Peki, çözümü nasıl bulacağız?"

Şöyle bir söz okumuştum: 'Suç gelin olmuş, koluna takacak damat bulamamış.'

Kime sorsam suçlu başkası. Herkes kendini tam, kusursuz ve eksiksiz görüyor. Öğrenciye soruyorum, öğretmen iyi anlatmıyor diyor. Öğretmene soruyorum, öğrenci dersi dinlemiyor diyor. Veliye soruyorum, öğretmen çocuklarımızla hiç ilgilenmiyor diyor. Bir başka öğretmene soruyorum, çocukla kendi anne-babası ilgilenmiyor, ben ne yapabilirim diyor. Müdüre soruyorum, öğretmenler ruh gibi, ideal-mideal kalmamış diyor.

Bakanlığa soruyorum, öğretmen maaşını cebine koydu mu tamam, başka bir şeyle ilgilenmiyor, bize ek göstergeden, özlük haklarından ve ek ders ücretlerinden başka bir şey sormuyorlar, diyor. Bir başka öğretmene soruyorum, bakanlıktakiler hep siyasilerin adamı olduğu için önümüzü tıkıyorlar, oturup sadece genelge yolluyorlar, bu hantal adamlarla kaliteli eğitim olmaz diyorlar. Bir başka öğrenciye soruyorum, annemle babam beni hiç anlamıyorlar, ders çalış, test çöz ve ödevini bitir demekten başka bir şey bilmiyorlar diyor. Başka bir öğrenciye soruyorum, ailemin ve öğretmenlerin beni telefonumdan ayırmaktan başka bir amacı yok, diyor. Devlete soruyorum, en güzel binaları yapıyorum, öğretmenleri tayin ediyorum, sınıflara akıllı tahta koyuyorum, tablet dağıtıyorum, hatta ders kitaplarını bile ücretsiz veriyorum, e ben daha ne yapayım diyor.

Sence kim haklı?

Herkes haklıysa bu sorunlar nereden çıkıyor? Madem herkes dört dörtlük yaşıyor ve üzerine düşen görevleri hakkıyla yapıyor, neden Duygu barajı zor geçiyor? Neden Cevher on zayıf, Pınar yedi zayıf getiriyor? Neden Neslihan heyecandan kilitleniyor? Neden Yılmaz Bey "bidakka"dan başka bir şey duymuyor? Neden Sultan Hanım çaresizlik içinde kıvranıyor? Neden Erkan Hocam öğrenciye ulaşmada çaresiz kalıyor?

Ve neden hepiniz buradasınız?"

"Hocam siz biraz fazla gerildiniz galiba, en iyisi ben içecek bir şeyler ve meyve servisi yapayım da biraz rahatlayın."

"Banu senin çayın bayatlamıştır şimdiye."

"Yok hocam aslında çok mükemmel çay yaparım da fabrikalar kalitesiz çay üretiyor."

Salondaki misafirler Banu'nun esprisine kahkahayı patlattı.

"Hocam."

"Buyur Oktay Bey."

"Çocuklarımızın kapasitesi çok yüksek olmasına rağmen bunu kullanamamaları çok zoruma gidiyor. Sesimizi onlara duyuramıyoruz, bizi dinlemiyorlar. Dinlermiş gibi yapsalar bile dinlemiyorlar. Ellerinden telefonu düşürmüyor ve bilgisayarın başından kalkmıyorlar. Ne kadar uğraşırsak uğraşalım, ne söylersek söyleyelim ve ne yaparsak yapalım olmuyor, olmuyor, olmuyor."

"Sahi çocuklar bizi neden duymuyorlar, sanki onlara zararlı bir şey söylüyormuşuz gibi kendilerini bize neden kapatıyorlar?"

"Oktay Bey'e katılıyorum. Başkalarıyla konuşurken beni hayran hayran dinliyorlar ve diyorlar ki 'çocukların ne kadar şanslı.' ama kendi çocuklarım beni bir kere bile dinlemiyorlar."

"Bunu çocuğuna hiç sordun mu?"

"Hayır sormadım."

"Bana sorduğun gibi ona da sorsana."

SEN NE KADAR GÜZEL KONUŞURSAN KONUŞ, KARŞINDAKİNİN KULAKLARI TIKALIYSA, TÜM KONUŞTUKLARIN BOŞA GİDECEKTİR.

Konuşmak, Sesini Duyurmak mı?

Adamın biri çok güzel keman çalıyordu. Kendini geliştiriyor, ustalaştırıyor ve çaldığı kemanla dinleyenleri adeta kendinden geçiriyordu.

Bir gün kemanı insanlar gibi hayvanlara da dinletebileceğini düşündü. Arkadaşlarına dedi ki: "Ben ormana gideceğim, orada keman çalacağım. Göreceksiniz bütün hayvanlar etrafımı sarıp çaldığım kemanın büyülü atmosferine kapılıp gidecekler ve beni dinleyecekler."

Arkadaşlarından bazıları karşı çıktılar:

"Bu yaptığın çılgınlık, deli misin? Bütün hayvanların seni dinleyeceğini mi sanıyorsun? Kendini büyük bir tehlikeye atıyorsun. Seni göndermeyiz. Yırtıcı hayvanların sana saldırıp zarar vermesinden korkuyoruz."

"Gideceğim." dedi adam. "Ormanın ortalarına kadar gidip çalacağım. Bütün hayvanlar etrafıma toplanacak ve beni dinleyecek."

"Saldırıya uğrarsan kendini nasıl kurtaracaksın?"

"Saldırmayacaklar, müziğimi duyunca yanıma koşacaklar. Göreceksiniz en vahşi olanları bile önümde diz çöküp beni dinleyecek."

"Kendine o kadar güveniyorsun yani?"

"Evet."

"Biz de sana güveniyoruz ama vahşi hayvanlara güvenmiyoruz. Herhangi bir zarar görmeni, yaralanmanı istemiyoruz. Hatta..."

"Evet, hatta?"

"Söylemeye bile dilimiz varmıyor ama seni öldürmelerinden korkuyoruz."

Dinlemedi adam. Bir gün kemanını alıp yola koyuldu. Bir süre ilerledikten sonra gelen hayvanların oturup kendisini dinleyebileceği bir yer buldu. Burası küçük bir meydana benziyordu. Ortadaki ağaca sırtını dayayıp çalmaya başladı. Kendini öylesine kaptırmıştı ki birkaç küçük hayvanın gelip dinlediğini fark etmedi bile.

Hafif bir rüzgâr çıktı. Uzaklardan adamın kokusunu duyan aslan sabahtan beri bir şey yememenin verdiği açlıkla "Ohh bir insan kokusu, işte çıktı benim öğle yemeğim." diyerek kokunun geldiği tarafa doğru ilerlemeye başladı.

Diğer taraftan bir kaplan da adama doğru yürüyordu. Kurt, sırtlan, köpek...

Aslan adamı görünce adımlarını sıklaştırdı. Adama yaklaştığında baktı ki birçok hayvan huşu içinde adamı dinliyor. Biraz daha yaklaşınca o da kendini müziğin büyüsüne kaptırdı. Zararsız birçok hayvan gibi yırtıcılar da adamın etrafını sarıp dinlemeye başladı.

Adam kemanı çok güzel çalmaya devam ediyordu. Bir süre sonra adamın sırtını yasladığı ağacın dalları arasından bir leopar hiç kimsenin beklemediği bir anda ani bir hareketle üstüne atlayıp onu parçaladı. Kemiklerin birini eline alıp yerken ormanın kralı aslan sordu:

"Neden parçaladın onu, ne güzel çalıyordu. Sen dinlemiyor muydun?"

Leopar sol kulağını aslana doğru çevirdi:

"Biraz yüksek sesle konuşur musun, çünkü ben sağırım ve senin ne dediğini duyamıyorum, bağırarak konuş."

Bugüne kadar seni kandırdılar. Dediler ki; ilkokulda dikkat süresi 10 dakikadır, ortaokulda 15, lisede 20, üniversitede 25 dakikadır. Sen birbirine âşık olan iki insanın dikkatinin 25 dakikadan sonra dağıldığını gördün mü? İnsanların dikkat sorunundan çok sevme sorunu vardır. Bir insan bir şeyi severse dikkatinin sınırı yoktur.

Derslere Âşık Olmak Mümkün mü?

"Hocam sizin öğrencilerle ilgili bir semineriniz varmış."

"Nereden duydun Ayça Hanım?"

"Bizim bir komşumuz söyledi."

"Hımm dedikodu yapıyorsunuz yani."

"Çocuklar söz konusu olunca her türlü dedikoduyu yapıyoruz. Çocuğunu getirmiş buraya."

"Memnun kalmış mı?"

"Söylediğine göre çocuk ders çalışmayı hiç sevmiyormuş, evde ve okulda sürekli sorun çıkartıyormuş."

"Eee?"

"Sonra sizin bir seminerinize gelmişler. Arkadaşımın söylediğine göre çocukla beraber kendisi de çok faydalanmış. 'Bizim evde dersler çocuğumla aramızda sorun olmaktan çıktı.' diyor."

"Sen de onun dedikodusuna inanıp geldin öyle mi?"

"Valla hocam Duygu için bunca yıl nerelere gitmedim ki..."

"Bundan sonra hiçbir yere gitmeyeceksin."

Ayça Hanım, Oktay Bey ve Duygu birbirine baktılar.

"Gerçekten mi Hocam?"

"Yoo ben yalan söylüyorum."

"Hocam çok merak ettim şimdi, bu nasıl olacak?"

"Sabahtan beri ilk defa çözüm arayan bir soru sorduğunun farkında mısın Ayça Hanım?"

"Hangi soru?"

"Nasıl sorusu... Bu soru insanı sorunların içinden alıp istediği çözümlere götürmenin ilk adımıdır. Bunun için de çok yararlı bir sorudur. Buraya seminerler için gelenlere öncelikle şunu söylerim: Sen nereye gideceğini söyle ben de oraya nasıl gideceğini göstereyim."

"Biz başarıya gitmek istiyoruz hocam."

"Biz derken?"

"Duygu yani."

"Duygu da istiyor mu?"

"Evet evet istiyordur."

"Duygu bu annenden çektiğin yeter bence."

"Bence de."

"Her şeyine onlar karışıyor galiba?"

"Evet."

"Baksana babanı da kuzuya çevirmiş, adamın sesi bile çıkmıyor. Yahu Oktay Bey seni gördüm halime şükrettim. Bu akşam eve gidince eşimi öpüp başıma koyacağım."

"Neden?"

"Beterin beteri varmış diyeceğim."

"Hocam yaptığınız seminer hakkında biraz bilgi verir misiniz?"

"Ya Duygu yeniden söylüyorum, bu anandan çektiğin yeter artık yaa."

"Çalışsın da ben karışmak zorunda kalmayayım."

"Sen karıştıkça çalışmayacak ki. Bak bunca yıldır her şeye sen karıştın da ne oldu?"

"Doğru söylüyorsunuz hocam, aslında hiçbir ilerleme olmadı."

Sultan Hanım, başını üç çocuğuna çevirerek sordu:

"Hocam bunların zayıflarının kurtulma ihtimali var mı?"

"Sen neden düşünüyorsun ki onların zayıflarını?"

"Nasıl düşünmem hocam, veli toplantılarına gittiğim zaman öğretmenin söylediklerini duyunca arkadaşlarımın yanında yerin dibine giriyorum."

"Gençler sizin bu ananızın dırdırından kurtulma şansınız var mı?"

"Bu gidişle yok."

"Bence var."

"Var mı? Nasıl?"

"Tüm zayıfları kurtarırsınız olur biter."

"Bitmez hocam."

"Neden?"

"Annem bu defa da takdir almadığımız için kızar."

"Onu da al."

"İmkânsız."

"Nedenmiş o?"

"Bende takdir alacak kafa ne arasın?"

"Senin adın Cevher değil mi?"

"Evet."

"Cevher, çamura düşmüş bir cevher, gizli bir maden, keşfedilmeyi bekleyen bir cevher, üzeri tozlandığı için değeri fark edilmeyen cevher..."

Neslihan titreyen bir sesle sordu:

"Ben bu heyecanımdan kurtulabilir miyim?"

"İstiyorsan evet, neden olmasın ki?"

"İstiyorum."

"Gerçekten mi?"

"Evet hem de çok."

"Bana bak Neslihan, ben öyle eli işte gözü oynaşta insanları sevmem."

"O ne demek hocam?"

"Mesela bedeni sınıfta, aklı bilgisayarda, mesela kendisi dersin başında, aklı telefonda, mesela eli kitapta, gözü televizyonda, mesela dili sevgide, yüreği fesatlıkta."

"Anladım hocam benim elim de, dilim de, yüreğim de, gözüm de işte olacak, oynaşta değil."

"O zaman ben de sana istediğin üniversitenin kapısına kadar arkadaşlık ederim."

"Ayyy heyecan geldi valla."

"Ne zaman gittiydi ki?"

"Hocam seminer?"

"Çatladın Ayça Hanım."

"Evet çok merak ediyorum."

"Şimdi ben seminerle ilgili ne söylesem hepsi de olduğu gibi aklında kalır değil mi?"

"Evet."

"Peki neden?"

"Çok merak ediyorum da ondan."

"Merak beynini gıdıklayıp durur. İşte bizim annebaba ve öğretmen olarak en başta dikkat etmemiz gereken durum bu, yani merak uyandırmak. Neden? Çünkü insan merak etmediği bir şeyi öğrenmez. Öğrense de kısa bir süre içinde unutur."

"Siz seminerde ne öğretiyorsunuz?"

"Hiçbir şey öğretmiyorum."

"Bir şey öğretmiyorsunuz da gelenler nasıl çok başarılı oluyor?"

"Ben öğretmiyorum ki, onlar öğreniyorlar."

"Neyi?"

"Merak ettiklerini."

"Neyi merak ediyorlar ki? Ay hocam valla kafam iyice karıştı."

"Merak kafayı ne güzel karıştırıyor."

Pınar, başını elindeki telefondan kaldırıp sordu:

"Hocam ben de çok merak etmeye başladım şu semineri. Ne yapıyorsunuz, ders mi anlatıyorsunuz?"

"Hayır Pınar, gülüyoruz, gülmekten yerlere yatıyoruz, eğleniyoruz."

"Çok ilginçmiş. Fıkra mı anlatıyorsunuz?"

"Yoo fıkra değil, okula, hayata, derslere farklı, komik, esprili ve eğlenceli bir açıdan bakıyoruz."

"İyi de gülmek ne sağlıyor ki?"

"Bence dünyanın en büyük eğitmeni Nasrettin Hoca'dır. Neden? Çünkü anlatmak istediklerini gülerek ve güldürerek anlatır. Aslında hocanın fıkraları yoktur. Hiç dikkat ettin mi sadece güldürü yok. Vermek istediği mesajları neşeli ve eğlenceli bir şekilde anlatınca herkes öğreniyor. Onu bütün çocuklar tanır. Bir de okulu ve dersleri düşün: Öğretmen sınıfa girerken ciddi görünmek için suratını asar ve

'Oğluuuum bu ders çok önemli, iyi dinle! İyi çalış, bak çalışmazsan gözünü oyarım!' diye bağırır.

Sonuç, on iki sene okulda bağırıp çağırarak, kızıp azarlayarak anlattıklarımızı kimse öğrenmez de, Nasrettin Hoca derslerde okutulmamasına rağmen herkes onu tanır, bilir ve anlar. Çocuklar bile. İşte biz seminerde bu yüzden sürekli gülüyoruz ve anlatmak istediklerimizi de gülerek anlatıyoruz."

"Ve gülerek anlattıklarınızı katılan herkes öğreniyor öyle mi?"

"Bilmem, onu katılanlara sormak lazım."

"Hocam bizim çocuklarımız da o seminere gelebilirler mi?"

"Hayır, gelemezler."

"Neden?"

"Ben seminerlerime kendisi katılmak istemeyen hiç kimseyi kabul etmiyorum."

"Neden?"

"Çünkü eğitim öğrenciye saygı duymakla başlar da ondan."

"Biz çok istiyoruz hocam."

"Sen istiyorsan katılabilirsin, ancak çocukların istemezlerse katılamazlar. Onların isteyip istemediğini bilmiyorum ki."

"Peki ne zaman başlıyor?"

"Haftaya."

"Ne kadar sürecek?"

"Beş hafta sonu yani 10 gün. Günde dört saat olmak üzere toplam 40 saat."

"Bir insanın başarılı olabilmesi için 40 saat yetiyor mu?"

"Çok bile, aslında beş dakika bile yetiyor."

"Hocam o kadar da değil."

"Seni anlıyorum, bu söylediğim sana mantıksız ve saçma da geliyordur. Yıllarca çocukları okulda, dershanelerde, etütlerde ve özel derslerde süründürmeyi eğitim zannettiğin, başarının çok çalışmakla mümkün olabileceğini düşündüğün için bana inanmaman çok normal."

"Anlattıklarınız heyecan verici olmakla birlikte pek inandırıcı gelmiyor."

"Seni inandırmak için bir çabaya girmeyeceğimi bilmeni istiyorum. Sadece birkaç cümle söylemek istiyorum: Bir insan bir konuyu bir defa okuyup hiç unutmayabilir.

Herkes öğrenebilir, ancak herkes aynı biçimde öğrenemeyebilir.

Nasıl ki her kapıyı açacak bir anahtar varsa, zor olan kapıyı açmak değil, doğru anahtarı bulmaksa, her beyni ve yüreği açacak bir anahtar da vardır. Önemli olan doğru anahtarı bulmak.

Bugüne kadar bizi kandırdılar. Dediler ki ilkokulda dikkat süresi 10 dakikadır, ortaokulda 15, lisede 20, üniversitede 25 dakikadır. Sen birbirine âşık olan iki insanın 25 dakikadan sonra dikkatinin dağıldığını gördün mü?

Bir insan bir şeyi severse dikkatinin sınırı yoktur.

Çok çalışmaktan daha önemli olan nedir biliyor musun? Nasıl çalışacağını bilmek, kendi beyninin çalışma ve öğrenme biçimini bilmek. Kısaca öğrenmeyi öğrenmek.

Bu seminere gelenler derslere âşık olduklarını söylüyorlar. Zaten seminerin adı:

DERSLERE NASIL ÂŞIK OLABİLİRİM?"

"Ay hocam inanamıyorum."

"Neye?"

"Derslere âşık olmak mümkün mü?"

"Denemek lazım."

"Bana imkânsız gibi geliyor."

"Cevher, ikinci dönem karnedeki 10 zayıfı kurtarıp takdir aldığını hayal etsene...

Pınar, kendine güveninin arttığını gören zayıfların müsaade isteyip karneni terk ettiğini, TEŞEKKÜR ya da TAKDİR belgesinin karnende yer kapmak için yarıştığını düşünsene...

Duygu, buradan gidip kitapları öpüp kokladığını, her okuduğunu anladığını ve YGS'de 400'ün üzerinde puan aldığını, kendine bir hedef belirlediğini ve LYS puanlarının ilk tercihini kazanmaya yettiğini gözünün önüne getirsene...

Neslihan, sınava girince soru kitapçığına 'Hoş geldin' dediğini, 'Beni istediğim bölüme götürmek için zahmet edip buralara kadar geldin, şimdi izin verirsen gözlerimin sayfalarında dans etmesini istiyorum.' deyip neşeli ve huzurlu bir şekilde soruları çözdüğünü ve istediğin puanı aldığını beyninde yaşasana...

Sıla, istediğin Fen ya da Anadolu lisesini kazandığını gösteren belgenin bilgisayarın ekranından sana gülümsediğini görsene...

Erkan Hocam, derslerini öğrencilerin öğrenme stillerine göre anlattığını, öğrencilerin çok mutlu olduğunu ve tüm okulun senin derslerine girebilmek için yarıştığını ruhunda yaşasana...

Sultan Hanım, veli toplantısına gittiğini ve öğretmenlerin, tüm velilerin önünde çocuklarının başarısını, terbiyesini ve saygısını anlatıp teşekkür ettiğini, herkesin seni parmakla gösterdiğini hayal etsene...

Ayça Hanım, bu sene sonunda artık Duygu'ya dershane arama yerine üniversiteye kayıt yaptırmanın tatlı telaşını yaşadığını gözünün önüne getirsene..."

"Ay hocaaam hayali bile üzerimden büyük bir yük inmiş gibi hafifletti beni."

"Ya hocam valla kendimi süper hissettim, iyi de peki bunları nasıl yapacaksınız?"

"Sultan Hanım amma da pimpiriklisin."

Açlıktan ve yorgunluktan iyice bitkinleştiğim bir akşam bulunduğum yere oturmuş, sırtımı bir ağacın gövdesine yaslamış ve oracıkta uyuyakalmışım. Gün doğarken ayaklarıma sanki ıslak bir şeyin dokunduğunu hissederek uyandım. Başımı kaldırıp baktım ki ne göreyim: Kocaman bir yılan ayaklarımın arasından akıp gidiyor. Hiç kıpırdamadım. Sonra kalkıp arkasından koştum, çünkü çok acıkmıştım.

Veda

Kendime ait beş kuruşum yoktu, gemi yolculuğu için bir bilet alacak param da yoktu. Ayrıca nasıl bir üniversiteye gideceğimi, oraya nasıl başvuracağımı ve kabul edilip edilmeyeceğimi de bilmiyordum. Ne yapacağımı biliyor olmakla beraber nasıl yapacağımı bilmiyordum.

Kahire benim köyüme 5000 km uzaklıktaydı ve yol boyunca belki de en az 50 değişik dil konuşan yüzlerce kabile vardı. Bu kabilelerin bir kısmı da birbirleriyle savaş halindeydi.

Görünüşte bunlar benim için çok büyük engeller olmasına rağmen ben bu engellerin herhangi birine takılmayı aklımın ucundan bile geçirmedim. Kendi alın yazımı yazmak, kendi kaderimin direksiyonuna geçmek için gözümü bu engellerden çevirip Amerika'ya ulaşma ve üniversiteye kaydolma amacıma odaklandım.

Hayatımda hiçbir zaman bu kadar kararlı olmamıştım. Küçük bir çocukken okuldaki başarısızlıklarımda ve daha sonra hayattaki tökezlemelerimde de hep işin kolayına kaçar, ya başkasını suçlar, ya da yoksulluğumuzu bir özür olarak öne sürerdim.

"Ben yalnızca küçük ve yoksul bir çocuğum, ne yapabilirim ki?" derdim kendi kendime.

Köydeki birçok arkadaşım Karongo kasabasından yoksul bir çocuğun eğitim görmesini zamanı boşa harcamak olarak görürdü. Ben hiç öyle düşünmedim, çünkü ben köyümüze gelen misyonerlerin getirdiği kitapları okuyor ve orada Abraham Lincoln, Booker T. Washington gibi başarılı insanları tanıyordum. Bu insanlar anlattıkları bilgilerle beni alıp köyümün dışına götürüyor ve bana içinde yaşadığım kabilemden çok daha büyük, geniş, farklı ve zengin bir dünya olduğunu gösteriyordu.

Kendime ve hayata farklı bir açıdan bakmaya başlamıştım bile, çünkü içime bir kor ateşi düşmüş, yüreğimi tutuşturmuştu, çünkü aklıma bir merak girmiş, beynimi gıdıklamaya başlamıştı, çünkü ufkuma bir eğitim resmi düşmüş, tüm çekiciliğiyle beni çağırıyordu...

Ben artık evime, köyüme ve etrafımı çeviren dağların arasına sığmıyordum.

İyi bir eğitim almanın başarının ilk adımı olacağını düşündüğüm için Amerika'ya giden yolda bir basamak olan Kahire yürüyüşü kafamda çok net olarak şekillendi.

Ertesi gün, annem, babam, kardeşlerim ve kabilemle vedalaşarak yola çıktım.

Beş gün boyunca Zambiya'nın zorlu zemininde yürümeme rağmen sadece 40 km yol alabilmiştim, çünkü ormanlar çok sıktı, otlar boyumu aşıyordu, yolumu ve yönümü bulmakta zorlanıyordum.

Daha şimdiden yiyeceğim tükenmiş ve suyum bitmişti. Paramsa zaten yoktu. Geri kalan 4960 km'yi yürümek imkânsız görünüyordu. Yürümeyip geri dönersem bu, hedefimden vazgeçmek, kararımdan dönmek, engeller karşısında pes etmek ve kendimi yoksulluk, bilgisizlik ve çaresizliğin acımasızlığına terk etmek anlamına gelecekti.

Bir karar vermem gerekiyordu.

Amerika'ya ulaşana kadar veya bu yolculukta oraya varmak için çabalarken ölene kadar vazgeçmeyeceğime dair kendime söz verdim.

Daha sonra azimli ve güçlü bir şekilde kalkıp yeniden yürümeye başladım.

Yolda ara sıra yabancılara rastgelsem de çoğu zaman tek başıma yürüyordum. Yolumun üzerinde bulunan köylere girerken çok dikkatli olmak zorundaydım, çünkü onların dost mu, düşman mı olduklarını bilmiyordum. Bazı yerlerde karnımı doyurabilecek ve barınabilecek kadar bir iş bulabiliyordum, ama çoğu zaman dışarıda kalıyor ve toprağın üstünde yıldızların altında uyuyabiliyordum. Açlığım dayanılmayacak noktaya geldiğinde yol kenarında yabani meyve ve yemiş toplayıp onları yiyordum. Giderek zayıflıyor ve güçten düşüyordum.

Babamın hayvan derisinden diktiği ayakkabılarım daha fazla dayanamayıp parçalandığı için artık yalınayak yürümek zorundaydım. Bazen ayağıma diken batıyor, bazen de farkında olmadan parmaklarımı taşlara çarpıyordum ve sivri bitki kökleri ayağımı kanatıyordu. Ayaklarımın altındaki yara izleri çoğalmıştı, yere basmakta da zorlanıyordum.

Açlıktan ve yorgunluktan iyice bitkinleştiğim bir akşam bulunduğum yere oturmuş, sırtımı bir ağacın gövdesine yaslamış ve oracıkta uyuyakalmışım. Gün doğarken ayaklarıma sanki ıslak bir şeyin dokunduğunu hissederek uyandım. Başımı kaldırıp baktım ki ne göreyim: Kocaman bir yılan ayaklarımın arasından akıp gidiyor. Hiç kıpırdamadım. Sonra kalkıp arkasından koştum, çünkü çok acıkmıştım.

Bir gün şiddetli bir yağmura yakalandım. Ne sığınabileceğim bir mağara vardı, ne bir kayanın dibi, ne de bir saçak altı. Mecburen yağmurun altında yürümeye devam ettim. Akşamüzeri rüzgâr esmeye başlayınca hava serinledi. Üşüyordum. Titremeye başladım. Ateşim yükselmişti. Bir ara gözlerim karardı, başım döndü. Ve...

Sonrasını hatırlamıyorum...

Bu kitabı senin beynine ve yüreğine bir usta gibi dokunmak için yazdım. Okuyacağın her bölüm önce tozlanmış ya da tedavülden kalkmış düşüncelerini siliyor, sonra gevşemiş vücudunu, beynini ve duygularını gerip akordunu yapıyor ve sonunda da senin kendi şarkılarını daha mutlu, daha neşeli söylemen için sendeki cevheri açığa çıkarıp eline teslim ediyor.

Bir Ustanın Eli Değdi...

Bir müzayede salonunda tarihi değeri olan antika eşyalar satılıyordu. Sahnedeki görevli, önce eşyalar hakkında bilgi veriyor, sonra da onları yüksek fiyata satabilmek için elinden gelen çabayı gösteriyordu.

Eserlerin tamamına yakını satıldıktan sonra görevli satacağı son parça olan yıpranmış kemanı eline aldı. Herkesin görebileceği şekilde onu havaya kaldırdı. Keman oldukça eski görünüyordu, üzeri tozlanmış ve yayları gevşemişti. Görevli yüksek sesle sordu:

"Kalan son eser, işte gördüğünüz bu kıymetli keman. Evet, açılışı 100 dolarla yapıyorum. Var mı artıran?"

Salondan ses çıkmadı, çünkü keman oldukça eski ve yıpranmış görünüyordu, yayları da gevşemişti.

Görevli yeniden sordu:

"Evet, bu eşsiz keman için yeniden soruyorum. Yok mu artıran?"

Salondakilerden yine ses yoktu. Görevlinin birkaç defa daha seslenmesine karşılık veren olmadı.

Sessizliği arka sıralardan gelen yavaş bir ses bozdu:

"Yok mu indiren?"

Birkaç gülüşme duyuldu:

"Evet, bu keman çok para etmez, fiyatını düşürün belki satılır."

Görevli kızgın bir ses tonuyla bağırdı.

"80 dolar, yok mu indiren?"

Cevap gelmedi.

"50 dolar."

Yine cevap gelmedi.

"10 dolar."

Orta sıralardan bir ses duyuldu:

"Alıyorum."

"Satıyorum, satıyoruuuuum, saaatt..." Arka sıralarda bir ses duyuldu:

"Bir dakika."

Yaşlı bir adam yerinden kalktı, muhatabında saygı uyandıran bir yürüyüşle sahneye doğru ilerledi. Görevliye yaklaştı. Kemanı aldı, önce tozlarını sildi, sonra yaylarını gerdi, akort yaptı ve kısa bir parça çaldı. Kemanı görevliye verip yerine geçti.

Görevlinin gür sesi salonu kaplıyordu:

"10 dolar, var mı artıran?"

"100 dolara alıyorum."

Ardından bir ses daha:

"500 dolar veriyorum."

Rakam gittikçe artıyordu:

"2000 dolar, 10.000 dolar, 40.000 dolar, 150.000 dolar."

Keman, hiç kimsenin beklemediği çok yüksek bir fiyata satıldı.

Salondakiler dağılırken içlerinden biri görevliye yaklaşıp sordu:

"Az önce 10 dolar bile etmeyen keman ne oldu da 500.000 dolara satıldı?"

Görevli cevap verirken gülümsüyordu:

"Bir ustanın eli değdi."

* * *

İşte bu semineri katılanların beynine ve yüreğine bir usta gibi dokunmak için hazırladık. Göreceğin her ders, dinleyeceğin her bölüm önce tozlanmış ya da tedavülden kalkmış düşüncelerini siliyor, sonra gevşemiş vücudunu, beynini ve duygularını gerip akordunu yapıyor ve sonunda da senin kendi şarkılarını daha mutlu, daha neşeli söylemen için sendeki cevheri açığa çıkarıp eline teslim ediyor.

Kendini bir başka gözle yeniden değerlendirip yeni, harika, eğlenceli ve heyecan verici bir yolculuğa çıkmak istiyorsan buyur gel.

Misafirlerimi hayal kırıklığına uğratmak gibi bir seçeneğim yoktu ve böyle bir hakkım olamazdı. Onların ellerini öyle bir tutmalı, yüreklerine öyle bir dokunmalıydım ki hepsi de içindeki uyuyan güzeli uyandırabilmeli, ayağa kaldırabilmeli ve harekete geçirebilmeliydi. Hedeflerine ulaşıncaya kadar sabırla ilerleyebilmeli ve vazgeçmeyi akıllarından bile geçirmemeliydiler.

İlk Heyecan

Cuma akşamı çok heyecanlıydım. Ertesi gün "Derslere Nasıl Âşık Olabilirim?" semineri başlayacaktı. Bu seminerin benim için çok ayrı bir önemi ve tarifsiz bir heyecanı oluyor. İnsanların beynine ve yüreğine dokunmak, aile ilişkilerine olumlu katkıda bulunmak, öğrencilerin özgüveninive çalışma hevesini artırmak, hedef belirlemelerine destek vermek, çıktıkları başarı yolculuğunda yol arkadaşlığı yapmak, onların içlerindeki cevheri keşfedip ortaya çıkardıklarını görmek, ruhlarındaki ateşi tutuşturmak ve hepsinden önemlisi onları yüreklendirmek beni çok mutlu ediyor.

Karnelerin alındığı günden itibaren bir hafta boyunca ofiste oturup gelen misafirlerle sohbet etmek bende çok güzel farkındalıklar oluşturmuş ve bana ne kadar da değerli bilgiler kazandırmıştı.

Farklı okullardan, değişik yaş gruplarından öğrenciler geldi gözümün önüne: Kimi beş, kimi on, kimi iki zayıf getirmiş, kimi takdir, kimi teşekkür almış öğrenciler. Kimi içe kapanık, kimi dışa dönük, kimi mutsuz, kimi mutlu, kimi tembel, kimi çalışkan, kimi bilgisayar, kimi telefon, kimi televizyon bağımlısı, kimi pısırık, kimi girişken öğrenciler...

Kimi ailede değerli, önemli ve mutlu, kimi önemsiz, mutsuz ve yalnız, kimi anne-babasını çok seven, kimi anne-babasından nefret eden öğrenciler...

Kimi evde bulamadığı sevgiyi dışarıda arayan, kimi ailesinden aldığı sevgiyi dışarıya taşıyan çocuklar...

Ve anne-babalar...

Kimi çocuklarının gelişimi karşısında ne yapacağını bilmez bir vaziyette şaşırıp kalmış, kimi kendi yaşayamadıklarını çocukları üzerinde yaşamak için çabalayan ve bunun farkında bile olmayan, kimi kendi içindeki düğümleri çocuklarda var zannedip evladını bunaltan, kimi farkında olmadan evini cehenneme çeviren anne-babalar...

Kimi iyilik yaptığını zannederken hiç farkında olmadan çocuklarına çok büyük kötülükler yapan anne-babalar...

Çocuklarının geleceğini aydınlatması gerekirken onların yoluna aşılmaz bir engel gibi çıkıp dünyalarını karartan anne-babalar...

Yaşadıkları tüm olumsuzluklara, engellere ve çaresizliklere rağmen yine de arayıştan vazgeçmeyen, iyi şeyler yapmak için çırpınan ve bu uğurda hiçbir fedakârlıktan kaçınmayan anne-babalar, öğretmenler ve öğrenciler...

Cumartesi günü sabah erkenden büyük umutlarla ve beklentilerle seminere gelecekler ve başarı yolunda kendilerine gerekli olan donanımı arayıp bulmaya çalışacaklardı.

Misafirlerimi hayal kırıklığına uğratmak gibi bir seçeneğim yoktu ve böyle bir hakkım olamazdı. Onların ellerini öyle bir tutmalı, yüreklerine öyle bir dokunmalıydım ki hepsi de içindeki uyuyan güzeli uyandırabilmeli, ayağa kaldırabilmeli ve harekete geçirebilmeliydi. Hedefleri ne ulaşıncaya kadar sabırla ilerleyebilmeli ve vazgeçmeyi akıllarından bile geçirmemeliydiler.

İçimden onlara bir mektup yazmak geldi. Çok az bir kısmı hariç tanımadığım insanlara mektup yazmak... Bu fikir hoşuma gitti. Daha ilk gün onlara bir sürpriz yapmak ilgilerini çekebilirdi. Kim bilir içlerinde, bugüne kadar öğretmenlerinden hiç mektup almayanları da olabilirdi.

Bir süre nasıl başlasam diye düşünürken başlığı attım: Eğitim öğrenciye saygıyla başlar.

* * *

Başkent Öğretmen Evi'ndeki eğitim salonunun önü insan kaynıyordu. Dışarıdaki kalabalığı yara yara salonun kapısına kadar ulaştım. Cam kapıdan içeri bir baktım ki ne göreyim: Yaklaşık 100 kişi oturuyor. Gönül geldi yanıma:

"Hocam 95 kişinin kaydını aldık ve almaya da devam ediyoruz. Saat dokuza kadar yetiştiremeyeceğiz, çünkü sırada bekleyen birçok insan var."

"Kayıt almayın Gönül."

"Anlamadım hocam."

"Gelen öğrencilerin tamamı girsin içeri."

"Kayıt yaptırmadan mı?"

"Evet."

"Ama hocam..."

"Girsinler Gönül, içeride söyleyeceğim sebebini."

Öğrenciler içeriye girdiğinde dışarıda kalan velilerin sayısı 100'ü geçiyordu. Çoğu meraklı gözlerle bana bakıyordu.

"Hocam bu kadar kalabalık mı olacak?"

"Evet."

"Nasıl olur?"

"Ne nasıl olur?"

"Gürültü ederler, bu kadar öğrenciye nasıl hâkim olacaksınız?"

"Olamam mı?"

"Bizimki özel okulda. Sınıfları 15 kişilik ve öğretmeni dinlemiyorlar."

"Az oldukları içindir."

"Ders ne kadar sürecek?"

"Dört saat, her gün dört saat."

"O kadar uzun sürede dikkatleri dağılmaz mı?"

"Niye dağılsın ki?"

"Bizimki evde masanın başında 10 dakika bile duramıyor."

"Burası sizin ev değil ki."

"İyi de her yaştan çocuk var, hatta yetişkinler bile var, hepsine birden nasıl hitap edebileceksiniz?"

"Çok mu merak ediyorsun?"

"Evet."

Baktım velilerin kaygıları yüksek ve büyük bir merak içinde etrafımı sarmışlar, sesimi hepsinin duyacağı kadar yükseltip sordum:

"Hepiniz burada ne yapacağımı merak ediyor musunuz?"

"Eveeeeet!"

Gönül'e döndüm:

"Gönül seminerin ilk günü öğrencilerin yanında isteyen anne babalar misafir dinleyici olarak katılabilirler."

İlkokula yeni başlayan çocukların heyecanlı hareketleri gibi birbirlerini ite kaka kapıdan içeri girmek için nasıl da çabalıyorlardı görmeliydin. Çocuklarının mutluluğu, başarısı ve geleceği için can atan, yürekleri coşan, umutları şahlanan bu insanların samimiyetini görünce bir baba olarak içim kıpır kıpır oldu. Heyecanlanmıştım. Fedakâr annelerin, evin direği babaların, dertlerine derman, yaralarına merhem, sorunlarına çare olacak bir seminer yapmak boynumun borcuydu artık.

Ortaokul, lise ve üniversite yıllarında benim için gece gündüz çalışan, toprağı alnından dökülen terle yoğuran babamı, pancar çapalarken elleri nasır tutan ve arkamdan sürekli gözyaşı döken anamı düşünüp onlara bir kez daha şükran ve minnet duygularımı hissederek girdim salona.

Deprem yaşayan, göçük altında kalıp yaralanan kimseye depremzede denir. Annesinin öfkesiyle yüreği yaralananlara annezede, babasının bağırmasıyla ruhu incinenlere babazede, öğretmenin hakaretiyle beyni hasar görenlere öğretmenzede, eğitim sisteminin çarpıklığıyla kişiliği bozulan, özgüveni azalan, korkuları artan ve öğrenme hevesi kaybolanlara da eğitimzede diyebilir miyiz?

Eğitimzede

"Merhaba annezede, babazede, öğretmenzede ve eğitimzede arkadaşlarım."

Salondakilerin büyük bir çoğunluğu ne demek istediğimi anlamak ister gibi meraklı gözlerle bana odaklandı. Kimseden çıt çıkmıyordu:

"Deprem yaşayan, göçük altında kalıp yaralanan kimseye depremzede denir.

Annesinin öfkesiyle yüreği yaralananlara annezede, babasının bağırmasıyla ruhu incinenlere babazede, öğretmenin hakaretiyle beyni hasar görenlere öğretmenzede, eğitim sisteminin çarpıklığıyla kişiliği bozulan, özgüveni azalan, korkuları artan ve öğrenme hevesi kaybolanlara da eğitimzede diyebilir miyiz arkadaşlar?"

"Bu 'zede' sıfatını çoğaltmak mümkün: Aşkzede, sınavzede, sevgilizede, arkadaşzede... Aynurzede..."

"Aynurzede mi? O da kim?"

"Tabi hiçbiriniz Aynur'u tanımıyorsunuz. Şimdilik onu merak edebilirsiniz, zamanı geldiğinde kendisiyle tanışacaksınız."

"Geçen hafta bazılarınızla tanıştım, ancak çoğunuzu ilk defa görüyorum. Siz de beni ilk defa gördünüz ve dolayısıyla beni tanımıyorsunuz. Bazılarınız buraya gönüllü yani isteyerek gelmişken bazılarınız ailenizin zoruyla gelmiş olabilirsiniz.

Burada beş hafta sonu, yani toplam on gün sürecek bir seminer olacak. Bu seminer her gün saat 9.00'da başlayıp 13.00'te bitecek.

Bugün hepiniz misafirimizsiniz.

Seminerimiz aslında bir tepsi baklava gibidir. Ben diyorum ki baklavadan bir dilim al, tadına bak. Hoşuna gitmezse yemezsin, hoşuna giderse istediğin kadar yiyebilirsin, hatta tepsiyi öylece alıp evine götürebilirsin.

Sen baklavayı sevmiyorsan onu sana zorla yedirmeye kalkarsam ne olur? Yemezsin tabi ki, hatta tiksinebilirsin, için bulanır. İşte bu seminer de böyle. Buraya belki isteyerek geldiniz belki zorla getirildiniz, bilmiyorum. Gelmişken bugün misafirimiz olun, birkaç saat katılıp dinleyin. Hoşunuza gitmezse ödediğiniz ücreti geri alıp gidebilirsiniz, herhangi bir borcunuz olmayacak. Eğer hoşunuza giderse 10 günün tamamına gelmek için öğleden sonra kayıt yaptırabilirsiniz."

"Benim annem beni zorla getirdi, yani ben şimdi çıkıp gidebilir miyim?"

"Elbette gidebilirsin, gitmek de, kalmak da senin seçimin."

"Siz şimdi benim bir şeyler öğrenmem için uğraşmayacak mısınız?"

"Hayır. Öğrenmek benim işim değil, senin işin. İster şimdi git, istersen çay arası yapıncaya kadar otur ve bir çayımızı içip öyle git. Sen bilirsin."

"Bize bir şey öğretmeyecekseniz niye geldik buraya?"

"Gülmek için."

"Gülmek için mi?"

"Evet, 40 saat sürecek beraberliğimizin yarısından çoğu gülmekle geçecek."

"Gülerek bir şey öğrenilmez ki."

"Nereden biliyorsun, hiç denedin mi?"

"Hayır denemedim, çünkü sınıfta gülünce öğretmenler kızıyor."

"Kızarak daha mı iyi öğreniliyor?"

"Bana kızdılar ama benim dokuz zayıfım var."

"Büyük başarı."

"Ne?"

"Dokuz zayıf almak, sahi nasıl başardın bu kadar zayıf almayı?"

"Çalışmadım, o yüzden."

"Bence biraz daha gayret edip biraz daha çalışmasaydın karnendeki tüm derslerin karşısına zayıf yazdırmayı başarabilirdin."

"Anlamadım ne demek istediğinizi."

"Bu kadar çok zayıf almayı nasıl başardığını merak ediyorum."

"Başardığımı mı?"

"Evet canım."

Neler konuştuğumuzu anlamaya çalışarak neye uğradığını şaşırmış bir vaziyette oturduğu yerde kalakaldı, sonradan adının Zeki olduğunu ve lise birinci sınıfa gittiğini öğrendiğim öğrenci.

"Seminer başlamadan önce bana bir konuda destek olmanızı isteyebilir miyim? Hastaneye gittiğinizde doktor ne yapar? Önce sizi dinler, sonra muayene eder. Gerek li görürse kan tahlili yaptırır veya film çektirir. Sonuçları iyice inceleyip eğer varsa hastalığınızı bulmak ister. Buna teşhis denir. Sonra hastalığınızın tedavisi için size gerekli olan ilaçları yazar.

Mesela dişinizin ağrıdığı bir gün doktora gidip böbrekten ameliyat oldunuz mu, ya da ayağınız kırıldığı halde kolunuzu alçıya aldırdığınız oldu mu?

Çıktığınız başarı yolculuğunda belki de bazı rahatsızlıklar yaşadığınız için buraya geldiniz ve bu rahatsızlıklardan kurtulmak ve daha başarılı olmak istiyorsunuz.

İşte sizden istediğim şu:

Buraya neden geldiniz? Bu on günlük seminerden neler bekliyorsunuz? Şu anda çözülmesini istediğiniz ne gibi sorunlar yaşıyorsunuz? Buradan giderken nelerin çözülmesini umuyorsunuz? Sizin en çok neye ihtiyacınız var?

Şimdi arkadaşlarım size birer kâğıt verecekler. Bu kâğıtlara yukarıdaki soruların cevabını yazmanızı istiyorum. 15 dakikalık bir süreniz var. Kâğıtlara adınızı, soyadınızı, sınıfınızı ve okulunuzu da yazın lütfen, çünkü biz ekip olarak hepinizle tek tek ilgileneceğiz.

"Salondakilerin hepsiyle mi?"

"Evet, neden şaşırdın?"

"Sınıfta 25 kişi olduğumuz halde kimse bizimle ilgilenmiyor da..."

"Bu kâğıtlara istediğimiz her şeyi yazabilir miyiz?"

"Evet, benim sormayı düşünemediğim bir şey varsa onları da yazabilirsiniz."

Asistanlar kâğıtları dağıtmaya başladığında bir veli sordu:

"Hocam veli olarak bizler de yazalım mı?"

"Elbette yazın bu çok iyi olur, siz de anne-baba olarak kendi açınızdan aileniz ve çocuklarınızla ilgili durumları yazın lütfen."

15 dakika dolduğunda bazıları hararetli bir şekilde yazmaya devam ediyordu.

"İsteyenler yazmaya devam edebilir. Yazdıklarınızı şimdi burada değil, akşam evde okuyacağım. Şunu bilin ki paylaştıklarınız seminerin işleyişine çok değerli katkılar sağlayacak."

"Nasıl bir katkı?"

"Sizi çok yakından tanımış ve sorunlarınızı kendi ağzınızdan öğrenmiş olacağım. Diz kapağınız ağrırken dişinizi çekmek için uğraşmayacağım. Yaşadığınız sorunları doğru tespit edersek, tedavisi çok kolay olacak. İşte böyle bir katkınız olacak."

Yazma işi tamamlandığında yaklaşık 200 sayfalık bir kâğıt yığını oluştu. Koordinatörümüz Kahraman, öğrenci ve velilerin yazdıklarını düzenli bir şekilde tasnif edip dosyaladı. O kâğıtlar benim için bir hazineydi çünkü 200 farklı dünyanın yaşadığı sevinç, mutluluk, sorun, huzursuzluk, kişilik, iletişim, dert, problem, gözyaşı, korku, heyecan, umut ve beklenti onların içindeydi.

Bu kadar çok samimi ve yürekten sızıp gelen bilgileri okumak hangi eğitmene nasip olabilirdi ki?

Kendimi şanslı hissediyordum.

Bir tavuğun kendini kartal zannedip uçmaya heveslenmesi ve her denemesinde hayal kırıklığına uğraması ne kadar zor bir durumsa, gökyüzünün derinliğinde uçması gereken bir kartalın kümese hapsedilip bir tavuk gibi yaşamak zorunda bırakılması da o kadar zordur.

Kartal, Tavuk Gibi Yaşar mı?

Dört tane tavuk, bir kartal yumurtası çaldılar ve onu alıp kümese götürdüler. Kümes hayvanlarının ileri gelenleri yumurtaya hayretle baktılar, çünkü o güne kadar hiçbir tavuğun, hindinin, kazın o kadar büyük yumurtladığını gören olmamıştı.

Tavuklardan biri kuluçkaya yatarken kartal yumurtasını da altına aldı. Ve gün geldi, yumurtaların kabuğunu birer birer kırıp çıkmaya başladı civcivler, fakat yumurtadan çıkan civcivlerin birinde bir tuhaflık vardı: Onun gagası daha sivri, ayakları büyük, rengi farklı ve diğerlerinden daha iriceydi. Bu durum karşısında güngörmüş horoz "Vah vah! Herhalde akraba evliliğinden böyle özürlü doğdu." diye bilgece üzüntüsünü dile getirirdi.

Anne tavuk yavrularını eğitmeye başladı. Anlattıklarını "Bak yavrum, karnını doyurmak için yalnızca ev sahibinin verdiği azıcık yemle yetinmen yeterli olmaz. Gezerken sürekli olarak yere bak, yerde bulduğun buğdayı, arpayı, böceği, sineği şöyle yiyeceksin, böyle yakalayacaksın." diye uygulamalı olarak gösterdi. "Bu sırada bazen tehlikeyle karşılaşabilirsin. Bir kedi sağdan saldırırsa sola, soldan saldırırsa sağa doğru kaçacaksın. Tehlike bazen de hiç beklemediğin bir yerden, mesela gökyüzünden gelebilir. Kartal saldırırken daha önce atalarımızın kazdığı duvardaki şu deliğe doğru koşarak içine girip saklanacaksın sadece kısa bir müddet."

Anne tavuk yine bir gün civcivleriyle beraber çayırlığa gezmeye gitti. Tüm civcivler başlarını öne eğmiş, yemek için böcek, sülük, solucan arıyordu. Kartal yavrusu bir ara başını kaldırıp gökyüzüne baktı. O da ne? "Anne, anne bak!" diye sesleniyordu. Ve gökyüzünde süzülen kartalı göstererek "Şu büyük tavuğa bak, ne kadar yüksekten uçuyor, acaba biz de uçabilir miyiz?" diye sordu. "Sus!" dedi annesi. "O bir kartal, sen ise bir tavuksun! Asla onun gibi uçamazsın! Senin bütün akrabaların horoz, hindi, kaz, ördek de daha önce uçmaya heveslendiler ancak hiçbiri onun gibi uçamadı. Bunu bir daha sakın düşünme olur mu yavrum?"

Kartal yavrusu uçamayacağını öğrenince hayal kırıklığına uğradı, üzüldü. Başını öne eğdi ve keyifsizce solucan aramaya devam etti. Artık çayıra her geldiğinde arada bir başını kaldırıp gökyüzündeki kartalın uçuşunu hayranlıkla seyrediyordu. Kartal olarak geldiği dünyada bir civciv gibi yaşamaya devam etti...

Civcivler yine bir gün çayırdayken gökyüzünden süzülen büyük bir kartal saldırıya geçti. Tavuk bütün civcivleri alıp kaçtı. Kartal yavrusu öyle bir dalmıştı ki; kaçmayı akıl edemedi, yerinde öylece kalakaldı. Kocaman gagalı ve uzun kanatlı büyük kartal gelip yavru kartalın yanına kondu. Gözlerine baktı: "Sen de uçabilirsin çünkü sen bir kartalsın, kanatlarını aç ve uç. Sakın başkalarının seninle alay etmesinden korkma ve sana engel olmalarına izin verme." dedikten sonra geldiği gibi uçup gitti...

Şaşkın yavru, kartalın bu sözleri karşısında çok heyecanlandı. Ne yapacağını, ne diyeceğini bilemedi. O akşam civcivler yine kümese girdi ve yorgunluktan hemen uyuyakaldı, biri hariç. Yavru kartalı bir türlü uyku tutmuyordu. 'Acaba uçabilir miyim?' diye düşünmeye başladı. İçinden bir ses dışarı çıkmasını ve denemesini fısıldadı. Çıktı ve kümesin hemen önünde kanatlarını açtı. Aman Allah'ım! Kanatları uzundu, upuzun! Bugüne kadar nasıl olup da bunu fark edemediğine hayıflandı. Kanatlarını çırpınca bir metre kadar yükseldi. Minicik kalbi, göğsünü delip çıkacak gibi güçlü atıyordu. Tekrar kanat çırptı. Birkaç metre ileri gidecek kadar yükselmişti. Daha fazla heyecana dayanamayacağı için kümesine geri döndü. Birkaç akşam daha alıştırma yapmaya devam etti kardeşleri uyurken. Önce kümesin üstüne, sonra samanlığın çatısına, daha sonra ta minarenin ucuna kadar uçtu...

Çok sevinmişti ve bu sevinci kardeşleriyle paylaşmak için can atıyordu. Fakat onların ayıplamalarından çekinmiyor da değildi. Ancak bir akşam,

"Biliyor musunuz, istersek biz de uçabiliriz." diyerek söyleyiverdi içinden geçenleri. Kardeşlerinin şaşkın bakışları arasında sözlerini tekrarladı:

"Evet, uçabiliriz."

"Sen zaten uçmuşsun! Hadi ya saçmalama, sülalemizde kim uçmuş ki biz uçacağız." diye topluca itiraz geldi.

"Hiç denemedik ki uçmayı." dedi dünün tavuğu bugünün kartalı.

"Deneseydi büyüklerimiz denerdi. Hem büyüklerimiz düşünememiş de sen mi düşünüyorsun? Ukalalık yapma, lütfen!"

"Bir denesek ne çıkar?"

"Bir şey çıkmaz işte! Nasıl olsa uçamayacağız."

"Nereden biliyorsunuz?"

"E annem söyledi ya."

Sustu kartal yavrusu, sabah kalktıklarında konuyu yeniden açana dek.

"İstesek uçabiliriz, bunu biliyorum."

"Yine başımızı şişirme! Sen annemizden, atalarımızdan daha iyi mi bileceksin?"

"Hadi bi deneyelim." diye ısrar edince,

"Yeter artık yaa, bu saçma sapan hayallerinle kafamızı patlattın. Bak, şimdi seni anneme söyleyeceğim!" diye tehdit savurdu ısrarla kendinin tavuk olduğunu söyleyenlerden biri.

"Ben size zararlı bir şey söylemiyorum ki! Hepimiz uçarsak fena mı olur?"

"Madem öyle haydiiii, sen uç da görelim."

Kanatlarını açıp çırpınca yükseldi yavru kartal şaşkın bakışlar içinde. Önce samanlığın üstüne, oradan minarenin tepesine kondu. Kardeşlerine baktı, hepsi de hayretle ve ağzı bir karış açık şekilde kendisine bakıyordu. Bir süre onları seyrettikten sonra havalandı ve köyün üzerinde birkaç tur attıktan sonra uçup gitti özgürlüğüne...

Ellerini çırparak "Vay bee!" dedi aşağıda kalanlar. "Vay beeee!!! Gerçekten de uçtu."

Kartal artık fırtınaların üzerinde bile uçabiliyor, en yüksek dağların zirvesine çıkıp en lezzetli avları yakalayabiliyordu. Dünyayı yüksekten seyrederek uçmak ne kadar da muhteşemdi.

Aradan birkaç yıl geçti. Kendisi gibi yükseklerden uçan yeni arkadaşları olmuştu ve uzak diyarlara doğru onlarla birlikte göç ediyordu. Büyüdüğü köyün üzerinden geçerken tanıdı oraları. Arkadaşlarına 'Siz devam edin, ben birazdan geleceğim.' diyerek onlardan ayrıldı. Köyünün üzerinde bir iki tur attı. Biraz alçaldı. İçinde büyüdüğü kümese doğru yaklaştı. Aşağıda kendisini görünce korku içinde kaçışan tavukları ve onların civcivlerini gördüğünde yanaklarından iki damla yaş süzüldü.

Az önce ayrıldığı gruba yetiştiğinde hâlâ ağlıyordu. Bir arkadaşı sordu.

"Ne oldu, niye ağlıyorsun?"

"Hiiiç." dedi.

Ve yeni güzelliklere doğru uçmaya devam etti...

Şunu hep merak etmişimdir, büyüklerimiz neden en çok bizim beynimize saldırıyorlar? Beynimizden başka bu kadar çok hakarete maruz kalan bir organımız yok değil mi? mesela benim topuğuma hakaret eden olmadı. Kimse diz kapağıma sövmedi, kimse belime, parmaklarıma, kulaklarıma aşağılayıcı bir kelime kullanmadı. Ancak sıra beynime gelince sözlüklerdeki en etkili ve kaliteli hakaret sözcüklerini seçtiler.

Sen Mükemmel misin?

"Bütün insanlar zekidir."

"Bunu neye dayanarak söylüyorsunuz hocam?"

"Ben söylemiyorum ki Allah söylüyor."

"Ne diyor?"

"Ben insanları mükemmel bir şekilde yarattım, diyor. Biz ne diyoruz? 'Estağfurullah yarabbi o ben değilim.' Allah diyor ki, 'Ben insanı gerçekten de çok güzel bir biçimde yarattım.' Bazı insanlar ne diyor: 'Ya Allah'ım git ya, tövbe tövbe. Ben salağım, ben geri zekâlıyım, ben aptalım. Mükemmel olduğumu söyleyerek benimle dalga mı geçiyorsun? Ben kim, mükemmel, zeki ve akıllı olmak kim?'

Allah annelere diyor ki, ben senin çocuğunu mükemmel yarattım. Anneler ne diyor biliyor musun?

'Allah'ım komşunun çocuğuyla karıştırdın herhalde, bizimki biraz salak.'

'İçinizde bugüne kadar kendini mükemmel olarak gören var mı?' diye sordum. Bir kişi bile parmak kaldırmazken salonda mırıltı halinde 'estağfurullah' sesleri geldi."

"Hocam bu biraz gurur ve kibir olmuyor mu?"

"Bence olmuyor, çünkü biz alçak gönüllülükle alçaklığı, yani kendimizi aşağılamayı karıştırdık. Kendine güvenmek ve kendine değer vermekle kibirlenip, böbürlenip kendimizi bir halt zannetmeyi de karıştırmayalım."

"Bir insanın Allah'ın yarattığı zekâyı önemsemeyip kendini aşağılaması Allah'a olan saygısızlıktır."

Bak şimdi aklıma geldi, bu konuda çoğumuz gelenekzede oluyoruz. Büyüklerden gördüğümüze inanmayı Allah'ın söylediklerine inanmaya tercih ediyoruz. Şimdi size bir şey soracağım, lütfen söyler misiniz: Anne, baba, öğretmen ve müdürlerden en çok hangi sözleri duyuyorsunuz?"

"Aptal"

"Salak"

"Geri zekâlı"

"Eşek kafalı"

"Kuş beyinli"

"Zekâ özürlü"

"Kafasız"

"Manyak"

"Embesil"

Aranızda bu olumsuz sözleri duyan kaç kişi var? Oooo salonun tamamı parmak kaldırıyor.

Lütfen söyler misiniz, aranızda büyüklerinden süper zekâlı, dahi, mucit, mükemmel, harika, dört dörtlük gibi olumlu kelimeleri duyan kaç kişi var?

Toplam altı kişi.

Şunu hep merak etmişimdir, büyüklerimiz neden en çok bizim beynimize saldırıyorlar? Beynimizden başka bu kadar çok hakarete maruz kalan bir organımız yok değil mi?

Ben de sizin gibiyim. Mesela benim topuğuma hakaret eden olmadı. Kimse diz kapağıma sövmedi, kimse belime, parmaklarıma, kulaklarıma aşağılayıcı bir kelime kullanmadı. Ancak sıra beynime gelince sözlüklerdeki en etkili ve kaliteli hakaret sözcüklerini seçtiler."

Kahraman "Hocam kimse senin büyük burnuna da mı bir laf söylemedi?" diye sorunca salon kahkahadan yıkıldı. "Bak Kahraman Allah beni ne güzel yaratmış ve çok özenmiş."

"Burnuna da mı özenmiş?"

"Burnumu yaratırken de özenmiş görmüyor musun canım kardeşim?"

"Hocam Kahraman abiyle birbirinize ne kadar da çok benziyorsunuz, akraba mısınız?"

"Evet, ikimiz de aynı fabrikanın imalatıyız."

"Nasıl yani?"

"Aynı fabrikadan çıktık."

"Aaa, kardeş misiniz?"

"Aynen öyle. Ben ne yaparsam o da aynısını yapar, nereye gidersem o da gelir. Dünyaya geldiğimi bile kıskanmış. Benden iki yıl sonra peşimden o da geldi dünyaya. Ben okula gittim o da gitti. Üniversiteye gittim o da. Bu sabah buraya geldim o da geldi. Bırak peşimi ya, niye beni takip ediyorsun?"

"Arkanı kolluyorum."

"Ömür boyu beni mi takip edeceksin?"

"Hayır, Azrail seni alıp götürürken takip etmeyeceğim."

"Ya önce seni almaya gelirse?"

"Saklanırım, senin büyük olduğunu söylerim."

"Allah sana uzun, sağlıklı, mutlu, verimli ve üretken bir ömür versin inşallah."

Salonu dolduran "amiiin" sesleri çok içtendi.

"Ben size Kahraman'ın çocukluktan beri yaşadığı bütün maceraları anlatacağım. Mesela yatağa nasıl işediğini..."

"Aaa!" sesleriyle kahkahalar birbirine karıştı. "Aynur'la olan mücadelesini..."

"Aynur kim hocam, sevgilisi mi?"

"Acele etmeyin tanışacaksınız Aynur'la."

"Dünyadaki bütün insanlar hemen hemen aynı akıl ve zekâ düzeyine sahiptir."

"Bugünkü farklar nereden kaynaklanıyor?"

"Hangi farklar?"

"Mesela bazı insanlar çok başarılı olurken, bazıları başarısız oluyor, bazı ülkeler çok zengin, bazıları fakir, bazıları çok mutlu, bazıları mutsuz, bazıları barış içinde, bazıları sürekli savaş halinde yaşıyor."

"En çok da İslam ülkeleri değil mi birbiriyle savaş halinde olan, yoksulluk içinde yaşayan, insan haklarını ihlal eden."

"Evet, öyle görünüyor."

"Bu aklın ve zekânın azlığından-çokluğundan değil onu kullanıp kullanmamaktan kaynaklanıyor. Aklını kullananlar uzayın derinliklerine yolculuk yapıyor, aklını kullanmayanlar dünyayı birbirine zindan etmek için savaş yapıyor."

"Aklını kullanmayanlar yüzünden binlerce çocuk ve masum insan dünya nimetlerini yaşamadan ölüp gidiyor hocam."

"Evet canım, aklını kullananlar vicdanının sesini dinlemedikleri zaman çok büyük felaketlere neden oluyorlar.

Mesela aklını kullanmayan toplumların yaptığı savaşlar, aklını kullananların ürettiği öldürücü silahlarla yapılıyor."

"Dünya barışı, insanların huzuru ve mutluluğu için gayret göstermeliyiz."

"Çok haklısın, bunu başarmamız için her şeyden önce kendi içimizde, evimizde, ailemizde, okulumuzda ve hayatımızdaki sorunları çözmeliyiz değil mi? İşte biz bugün bu amaçla bir araya gelmiş bulunmaktayız."

"Peki ne yapacağız hocam?"

"Az önce kartal hikâyesini anlattım ya, her şeyden önce oturup bir karar ver. Tavuk musun, kartal mısın? Tavuksan kartal olmaya özenme, git otur yumurtla, civciv çıkar. Eğer kartalsan tavuk gibi yaşamayı bırak, yerde yürümekten vazgeç, kanatlarını çırp ve yüksel. Özgürlüğüne uç, seni bekleyen muhteşem manzaraları gör, nefis yiyecekleri ye, fırtınaların üzerine çık.

Bir tavuğun kendini kartal zannedip uçmaya çalışması onu mutsuz eder, bir kartalın da tavukların arasında yaşamaya zorlanması onu huzursuz eder.

Ben de size anlattığım hikâyedeki kartal gibiyim. Köyde doğdum, yoksul bir ailem vardı, beni okutmayı düşünmüyorlardı. Arkadaşlarım dalga geçerlerdi. Geleneklerin baskısı altında neredeyse nefes alamadan yaşadım. İçimde bir cevher olduğunu hissediyordum ama onu nasıl ortaya çıkaracağımı bilmiyordum. Nice zorlu mücadeleden sonra ortaokula yazıldım. Benden bir yıl sonra da Kahraman geldi arkamdan.

Çok gayret gösterdik. Parasız kaldık, aç kaldık, soğukta üşüdük, ama vazgeçmedik.

Kahraman'la ikimiz sürekli yatağa işerdik. Bu konuda da çok başarılıydık. Ben bazen iki güne bir işerdim ama o her gün. Canım kardeşim bu konudaki azmine ve başarısına hayranım."

Öğrenciler gülmekten yerlere yatıyordu.

"Annem, biricik döşeği çişten ıslanmasın diye altımıza naylon sererdi. Zirai Donatım Kurumu'nun gübre torbaları naylondandı o zaman. Millet mışıl mışıl uyurken bizim altımızdan hışır hışır naylon sesleri gelirdi."

Gülmekten gözlerinden yaş gelen bir öğrenci sordu:

"Ya hocam ciddi misiniz, yoksa şaka mı yapıyorsunuz?"

"Ne şakası, hepsi ciddi. İnanmıyorsan Kahraman'a sor."

"Doğru mu abi?"

"Doğru da anlatmadığı başka şeyler var. Mesela Aynur..."

"Sus, Aynur'u sonra anlatacağım."

"Hocam lütfen."

"Anlatacağım sonra... Hem de neler yaptığıma inanamayacaksınız..."

"Ne olur şimdi anlatın, çok merak ediyorum."

"Merak kadar güzel bir şey var mı?"

"Hocam yaaa..."

"O hışırtılar güvenimizi çalardı. Annem döşeği korumak isterken bizim kişiliğimizi mahvettiğini hiç anlamadı.

O zaman çocuk çoktu eşya yoktu. Eşyalar çocuklardan daha kıymetliydi."

"Hocam bugün evlerde çocuk az ama eşya çok."

"Evet belki de çocuklarımız eşyaların altında kaldı Yusuf Bey, ya da onların arasında kaybolup gitti. İşte siz bugün çok değerli bir şey yaptınız, eşyaları evde bıra*kı*p çocuklarınız için buraya geldiniz. Birçok annenin çocuklarını okula veya kreşe bıraktıktan sonra eve gelip akşama kadar eşyalara hizmet ettiğini biliyor musunuz?

Neyse bunları ailelerle ayrıca yapacağım toplantıda anlatacağım. Şimdiki konumuz her insanın çok zeki ve akıl lı olduğu.

Bence sizin evdeki sorunlar ve çatışmalar neden çıkıyor biliyor musunuz?

Anne-babalar çocuklarının kartal gibi olduğunu biliyorlar. Yani onların kapasitelerini görüyorlar, ancak çocukların kendini tavuk gibi görüp öyle yaşamalarına tahammül edemiyorlar. Onların kendi kapasitelerinin farkında olmadan yaşamalarını, başarısız olmalarını hazmedemiyorlar. Çocuklarının uçması için ısrar edince de çatışma ve zıtlaşma başlıyor."

"Hocam çocuklarımızı çok zeki olduklarına nasıl inandıracağız, bunun bir yolu, yöntemi var mı?"

"Elbette var Nilgün Hanım. Seminerin ilk gününü ben buna ayırdım. Çocuklarınız bugün kendileriyle tanışacaklar, muhteşem zekâlarıyla buluşacaklar. Şimdi herkes ne kadar zeki ve akıllı olduğunu anlayacak. Kapasitesini geliştirmek istemeyenler bugünden sonra gelmeyecekler. Beynini tanımak, hafızasını geliştirmek, aklını daha iyi ve verimli çalıştırmak isteyenler 10 gün boyunca buraya gelmeye devam edecekler."

"Hocam bende de bahsettiğiniz gibi yüksek bir kapasite olsaydı karneme 10 zayıf gelir miydi?"

"Cevher, o zayıflar kapasiten düşük olduğu için değil, sahip olduğun kapasitenin farkında olmadığın ve onu çıkarıp kullanmadığın için karnene doluşmuşlar."

"Hocam sonra ne oldu?"

"Sonra mı, ne sonrası?"

"Naylon hışırtılarından sonra ne yaptınız, Aynur'a ne oldu?"

"Anlatacağım, zamanı geldiğinde..."

Sende gizli kalmış bir hazine olabilir mi? Neden gizli kalmış? Çünkü üzeri tozlanmış, çünkü üzerini geçmişten kalan tortular kaplamış, çünkü sanki herkes el ele verip seni aşağılamış; çünkü kendine olan güvenini yitirmişsin. Geçmişte yaşadığın olumsuz olayları geleceğe yansıttığın için mutsuz ve başarısız olmuşsun. Senin bu güçsüz halini gören zayıflar da karnene doluşuvermişler.

Sen Keşfedilmeyi Bekleyen Gizli Bir Hazinesin

Şimdilik farkında olsan da, olmasan da sen gizli bir hazinesin. Belki bugüne kadar yürüdüğün yollarda seni keşfedecek biri çıkmadı karşına. Birinin seni fark etmeme si senin yeteneksiz olduğunu göstermez ki. Henüz keşfedilmemiş olsan da muhteşem bir hazinesin. Her şeyden önce senin adın Cevher değil mi? Cevhersiz bir Cevher olur mu sence?

Bak şimdi sana uzun zaman önce şahit olduğum bir olayı anlatmak istiyorum

Yıllar önce öğretmenliğe devam ederken aynı zamanda bir televizyon programı da yapıyordum. Bir gün, 25 yaşında olan Zeynep adlı bir kız aradı. Aladağ'ın bir köyünde yaşadığını söyledi. Zeynep'le canlı yayında biraz sohbet ettikten sonra bana;

"Seni bizim köye davet etsem gelir misin?" dedi.

"Davet edersen gelirim." dedim.

"Ben davet ederim de, sen gelmezsin."

"Neden gelmeyecekmişim?"

"Bugüne kadar senin gibi kaç radyo ve televizyon programcısı söz verdi ama hiçbiri gelmedi."

"İnsan tutmayacağı sözü verir mi Zeynep?"

"Vermez ama kimse tutmadı ki..."

"Tamam, göreceğiz bakalım gelip gelmeyeceğimi." 100 km. yolu dört saatte gidebildim, çünkü dağın tepesine tırmanıyorduk ve yol çok bozuktu.

Köyün girişinde durup bir çocuğa "Zeyneplerin evinin ne tarafta olduğunu bize gösterir misin?" dedim. Gösterdi, ama sağ eli yoktu. Biraz daha gittikten sonra birine daha sordum, ayağı engelliydi, topuğu ters dönmüştü ve yukarı bakıyordu. Çok üzüldüm.

Nihayet Zeynep'in evini buldum. Sürpriz olsun diye kendisine haber vermemiştim. 8–10 kadar çocuk ve genç birikiverdi. İçlerinden üç tanesi daha engelliydi:

"Zeynep hanginiz?" dedim. Babası, "İçerde." dedi. Durun ben yalnız gidip Zeynep'e sürpriz yapayım." dedim.

İçeri girdim, Zeynep yoktu. Divanda oturan üç-dört yaşlarında kadar olduğunu tahmin ettiğim bir çocuk oturuyordu. Tam geri çıkacaktım ki:

"Hoş geldin hocam, ben Zeynep." sesiyle sanki yerime çakıldım. Aman Allah'ım o Zeynep'ti.

Sadece kafası sağlamdı. Bacakları yoktu, elleri minicik bir bebek eli gibiydi. 10–11 kilo var ya da yoktu.

Demek bana her hafta harika mektuplar yazan Zeynep O'ydu.

Sohbete başladık. Çocukken hastalanmış, ailesi çok yoksul olduğu için onu doktora götürememiş. Komşularının önerdiği ilkel tedavi yöntemlerini uygulamışlar. Sonuçta böyle sakat kalmış.

"Kaçıncı sınıfa kadar okudun Zeynep?"

"Hiç okula gitmedim hocam."

"Gitmedin mi? Peki o mektupları kim yazdı?"

"Ben yazdım."

"Ya sen dalga mı geçiyorsun benimle?"

"Hayır hocam."

"Peki okumayı, yazmayı nereden öğrendin?"

"Kendi kendime."

"Nasıl?"

"Kardeşimin kitaplarına bakarak kendi kendime okumayı da, yazmayı da öğrendim. Birçok da kitap okudum."

Onu dinledikçe şaşkınlığım daha da artıyordu. "Biliyor musunuz hocam bu sene dışarıdan bitirme sınavlarına gireceğim, ilkokul ve ortaokul diploması alacağım. Sonra da liseyi bitirip üniversite sınavına gireceğim ve sizin gibi öğretmen olacağım."

"Bu halinle mi?"

"Ne olmuş ki halime. Beynim var, ellerim, gözlerim ve kulaklarım sağlam, bir tek ayaklarım ve bacaklarım yok. Bacaklarım yok diye dersleri anlamayacak değilim ya. Ben bu yola yüreğimi koydum hocam yüreğimi."

Ben Zeynep'i anlatırken salonda sinek uçsa bile duyulmayacak kadar derin bir sessizlik vardı. Duygu'ya baktım, başını öne eğmiş, kimseye fark ettirmeden gözyaşlarını silmeye çalışıyordu.

Zeynep'in babasına köyde engellilerin neden bu kadar çok olduğunu sordum:

"Fakirlikten hocam, fakirlikten."

"Fakirlikten mi?"

"Evet hocam fakirlikten."

"Zeynep okuyacağını söylüyor, üniversiteyi kazanırsa nasıl okutacaksın?"

"Bakmayın onun kendini öyle avuttuğuna, kazanacağını biliyorum çünkü çok azimli ve istekli. Kazansa da okutacak durumum yok valla hocam."

"Parasızlıktan değil mi?"

"Öyle."

"Kız Zeynep!"

"Buyur hocam."

"İstediğin üniversiteyi kazan, söz seni ben okutacağım."

"Gerçekten mi? Ayyyy, hocam inanamıyorum, bu bir rüya mı yoksa?"

* * *

Akşam üzere beni çörek yemek ve ayran içmek için harika bir yere götürdüler. Bir süre sonra önümüzden damperli kocaman bir kamyon geçti.

"Bu da nerden çıktı yaa, ne taşıyor bu kamyon?" diye sordum.

"Maden."

"Maden mi?"

"Evet, maden."

"Nereden çıkarıyorlar?"

"Buradan, köyümüzün altından."

"Kim çıkarıyor?"

"Almanlar"

"Kimleeer?"

"Almanlaaar."

Sanki kalbime bir hançer saplandı.

Köyün altında koca bir maden yatağı var. Başkaları gelip bunu çıkarıp götürürlerken, o madenin üzerin de oturan köylüler yoksulluk ve sefalet içinde yaşıyorlardı. İnsanlar hastalandıklarında tedavi olmaya gidemiyorlar, çocukları sağlıklarını kaybediyor, gençleri okuyamıyorlardı.

Sende de böyle gizli kalmış bir hazine olabilir mi Cevher? Neden gizli kalmış? Çünkü üzeri tozlanmış, çünkü üzerini geçmişten kalan tortular kaplamış, çünkü sanki herkes el ele verip seni aşağılamış; çünkü kendine olan güvenini yitirmişsin. Geçmişte yaşadığın olumsuz olayları geleceğe yansıttığın için mutsuz ve başarısız olmuşsun. Senin bu güçsüz halini gören zayıflar da karnene doluşuvermişler.

İçindeki cevheri sadece tespit etmek, sendeki varlığını bilmek sana hiçbir şey kazandırmaz. Bak Zeynep'in köylüleri madenin varlığını biliyorlar, ama kendileri çıkarmadığı için ondan bir fayda görüyorlar mıydı?

"Hocam Zeynep'in durumu ne oldu, üniversiteyi kazandı mı?"

"Şimdi anlatsam darmadağın olursunuz, yaptıklarına inanamazsınız, yaşadıklarını kabullenemezsiniz."

"Lütfen anlatın hocam, çok merak ediyoruz."

"Anlatacağım arkadaşlar, biraz sabırlı olun. Şimdi Cevher'i konuşuyorduk."

"Evet hocam, peki ne yapacağım, içimdeki cevheri nasıl ortaya çıkarıp değerlendireceğim, beynimi nasıl kullanacağım, hafızamı nasıl eğiteceğim?"

"Şimdi ben de tam onu anlatmaya başlıyorum."

"Bir dakika." diyerek ayağa kalktı Kahraman.

"Buyur benim Kahraman kardeşim, ne oldu yoksa yine çişin mi geldi?"

"Ara yapmayı düşünmüyor musun?"

"Ara mı, saat kaç oldu ki?"

"10.15, yani ders başlayalı tam 75 dakika oldu. Biraz daha uzatırsan yatağa yaptığımızı oturduğumuz sandalyeye yapacağız, üstelik yanımızda Zirai Donatım Kurumu'nun gübre naylonu da yok."

"Tamam tamam."

"Banu misafirlerimize çay, süt, meyve suyu, pasta, kek, poğaçalar hazırladı. Belki kahvaltı yapmadan gelen olmuştur. Bir yandan beyinlerine bilgi ikram ederken bir yandan da midelerine gıda ikram etmek gerekir."

"Arkadaşlar şimdi 20 dakika ara yapıyoruz. Beyniniz doyarken mideniz acıkmıştır. Arada mideniz doyarken beyniniz acıkacak birazdan anlatacağım bilgiye..."

Bir gün kitaplıkta büyük bir katalogla karşılaştım. Üzerindeki resim çok çekici gelmişti, sanki "Bana bak, sayfalarımı gör." diyordu. Baktım. Amerika'daki üniversiteleri tanıtıyor, onlar hakkında merak edilebilecek bilgileri veriyordu. Bir resim özellikle dikkatimi çekti. Bu resim fıskiyeler, çim sahalar ve rengârenk çiçeklerle süslü, güzel binalarla bezenmiş, yüksek dağlarla çevrili, heybetli görünen ama sevimli bir yapıya aitti. Kocaman giriş kapısının üzerinde göz alıcı bir yazı vardı...

Asla Vazgeçmedim

Gözlerimi açtığımda kendimi kamıştan yapılmış bir kulübenin içinde buldum. Başımda bazı yabancı insan lar vardı. Konuşuyorlardı ancak ben ne dediklerini anlamıyordum.

Dilini anlamadığım, inançlarını bilmediğim o güzel insanlar beni bir süre orada misafir ettiler, bana baktılar, beni bitkisel ilaçlarla ve bazı karışımlarla iyileştirdiler. Kendime gelmem ve yeniden sağlığıma kavuşmam için bana karşılık beklemeden kalacak yer ve yiyecek verdiler.

Çok yorulmuştum ve biraz dinlenmeye ihtiyacım vardı. Moralim çok bozulduğu için geri dönmeyi düşündüm. Çılgınca görünen bu yolculuğu sürdürüp hayatımı tehlikeye atmaktansa eve dönmeyi daha mantıklı buldum.

Evet, eve dönecektim.

Yüksek ateş ve açlığın etkisiyle bayıldığım o gün beni bulup evlerine getiren ve tedavi eden iyi insanların evinde kaldığım son akşam, yanımdan hiç ayırmadığım o iki kitaba baktım. Kendime olan güvenimi tazeleyen, moralimi yükselten, gücümü artıran, amacımı güçlendiren ve inancımı artıran o tanıdık cümleleri yeniden okudum. Başımı ottan yaptıkları yastığa koyduğumda hedefimden ve hayalimden vazgeçip köye dönme kararımı yeniden gözden geçirdim.

Sabah güneş doğarken yola koyuldum. Köyüme doğru değil, Kahire'ye doğru. Vazgeçmeyecektim.

Köyümden ayrıldıktan 15 ay sonra 19 Ocak 1960'ta Uganda'nın başkenti Kampala'ya yaklaştım. Tam 1600 km yürümüştüm. Artık bedenim gitgide daha da güçleniyor ve ben vahşi doğayla baş etme ve tehlikeler karşısında hayatta kalabilme becerimi artırıyordum.

Ekvatoral iklim bölgesinde hemen her gün yağmur yağıyordu ve ben o yağmurun altında yürümeye devam ediyordum. Sonunda Kampala'ya ulaştım. Burası kalabalık bir şehirdi. Yiyecek ve barınak ihtiyacımı karşılamak için boğaz tokluğuna çeşitli işlerde çalıştım.

Kampala'da 6 ay kaldım. Çalıştığım işlerden kalan zamanımın tamamını şehrin merkezindeki kütüphanede geçiriyordum. Oradaki kitapları bilgiye hiç doymayacakmışım gibi büyük bir iştahla okuyordum. Okudukça daha çok bilgi öğreniyor ve aslında ne kadar az şey bildiğimi ve ne kadar da küçük bir dünyaya sahip olduğumu anlıyordum. Sanki bilgiyi öğrenip onu hazmettikçe ona daha çok acıkıyordum.

Bir gün kitaplıkta büyük bir katalogla karşılaştım. Üzerindeki resim çok çekici gelmişti, sanki "Bana bak, sayfalarımı gör." diyordu. Baktım. Amerika'daki üniversiteleri tanıtıyor, onlar hakkında merak edilebilecek bilgileri veriyordu. Bir resim özellikle dikkatimi çekti. Bu resim fıskiyeler, çim sahalar ve rengârenk çiçeklerle süslü, güzel binalarla bezenmiş, memleketim Karonga gibi yüksek dağlarla çevrili, heybetli görünen ama sevimli bir yapıya aitti. Kocaman giriş kapısının üzerinde göz alıcı bir yazı vardı:

Washington Skagit Üniversitesi.

İşte karşımdaydı. Uzun zamandır hayalini kurduğum, düşlerimde gördüğüm ve uğruna 5000 km yürümeyi göze aldığım o muhteşem hedef oradaydı. Kalbim duracak sandım. Elim ayağım titriyordu.

Omzuma dokunan bir elle kendime geldim. Omzuma dokunan, her gün kapıdan içeri girdiğimde beni gülümseyerek karşılayan kütüphane memuruydu.

"Çok heyecanlısın, bir şey mi oldu?"

"Evet. Orada, işte orada."

"Ne orada?"

"Hayalini kurduğum ve ulaşmak için ölümü göze aldığım üniversite, bak işte orada."

Yanıma oturdu, merak ediyordu. Onun içten gülümseyişiyle yalnızlığımı, yorgunluğumu unuttum. Hikâyemi anlatmamı istedi. Anlattım. Beni dinlerken bazen gülümsüyor, bazen gözleri doluyor ve bazen de dalıp gidiyordu.

"Çok etkilendim." dedi. "Biz, insanlar okusun diye binlerce kitabı buraya getirdik ancak onların çok azı buraya uğrayıp kitap okuyor. Oysa sen olmayan imkânların içinde okumak için hayatını hiçe sayarak büyük bir çaba gösteriyorsun. Buraya gelinceye kadar yaşadığın tehlikeleri ve parçalayıp aştığın engelleri öğrenince seni çok takdir ettim."

Beni anlayan ve çabamı gören birisinin olması beni ne kadar çok rahatlattı anlıyor musun?

"İstersen sana yardımcı olabilirim."

"Nasıl?"

"Okulun dekanına bir mektup yazalım."

"Elbette isterim, gerçekten yazabilir miyiz, sana nasıl teşekkür edeceğimi bilemiyorum."

Kendimi tanıttığım, hayalimi anlattığım, yürüyüşümü, mücadelemi, pes etmeyişimi paylaştığım bir mektup yazdım. Son kısmına da okuyacak maddi gücümün olmadığını ve burs istediğimi ekleyip mektubu gönderdim.

Kabul edilip edilmeyeceğimi bilmiyordum.

"Ya kabul edilemezsem?" endişesi içimi bir kurt gibi kemirip duruyordu. Bu yüzden bulduğum başka katalogları da inceleyip mümkün olduğunca çok sayıda üniversiteye mektuplar yazıp gönderdim. Cevap adresi olarak da her gün geldiğim kütüphaneyi yazdım.

Beklemeye başladım...

İKİ SAAT BOYUNCA AĞZIMDAN YAKLAŞIK YİRMİ DÖRT BİN KELİME ÇIKTI. PEKİ, 'BENİ DİNLE' DEMEDİĞİM HALDE ANLATTIĞIM YİRMİ DÖRT BİN KELİMEYİ HATIRLIYORSUN DA 'İYİ DİNLE, DİKKATİNİ BURAYA VER, MUTLAKA ÖĞREN' DEDİĞİM ŞU 20 KELİMEYİ NEDEN HATIRLAMIYORSUN?

Hayır;
Bu İmkânsız...

Şimdi size 20 tane kelime okuyacağım. Bu kelimele ri dikkatle ve disiplinli bir şekilde dinleyin, bütün ilginiz ve odağınız okuyacağım kelimelerde olsun, sakın başka bir şey düşünmeyin. Çok iyi odaklanın, aklınızı okuyacağım kelimelere verin, ben okurken kelimeleri aynı zamanda ekranda da göreceksiniz. Çok iyi öğrenin. Birazdan size soracağım. Kelimeleri tane tane, yavaş yavaş okuyacağım ki sindire sindire öğrenin. Anlaştık mı? Başlıyorum:

Ayakkabı
Uçak
Elma
Zürafa
Bisiklet
Fırın
Sigara
Ağaç
Televizyon
Araba

Halı
Kâğıt
Şişe
Yatak
Kahraman
Yumurta
Karınca
Çanta
Timsah
Bilgisayar

"İyi dinlediniz mi?"

"Evet."

"Tüm odağınız buradaydı değil mi?"

"Evet."

"Güzel, dinleme çabanızı çok net gördüm ben de. Dikkat ettim bazılarınızın gözleri yukarı bakıyordu. Bazılarınızınki aşağıya. Bir arkadaşın gözlerinin kulaklarına doğru baktığını gördüm. Gözleri kapalı olarak dinleyenleriniz de vardı.

Şimdi size bir soru sormak istiyorum:

Sizce beni dinlerken gözleriniz neden sağa-sola kaydı, ya da yukarı-aşağı gitti?"

...

"Bunun sebebini bilen var mı, böyle bir şey duydunuz mu?"

"Hayır hocam hiç duymadım."

"Peki, şimdi size soruyorum: Az önce yavaş yavaş okuduğum ve sizin de pür dikkat dinlediğiniz kelimeleri yukarıdan aşağıya hiç atlamadan sırayla kim sayar?"

"Ayakkabı, uçak... Sonrası neydi yaa?"

"Birbirinizden yardım almayın, sadece kendinizi deneyin. Bakalım kim sayabilecek."

"Hocam karışık olarak bir kaçı aklıma geliyor ama sırayla sayamam."

"Sayamazsın. Peki, aşağıdan yukarıya doğru sayabilecek var mı?"

"Onu hiç sayamam."

"Arkadaşlar hepsi 20 kelime, günlük hayatta karşınıza çıkan, çoğunu da hemen her gün kullandığınız kelimeler."

"Tamam da sırayla sayamıyoruz işte."

"Peki, neden sayamıyorsunuz?"

...

"Neden sayamadınız biliyor musunuz?"

...

"Sayamadınız çünkü ben hepinize hakaret ettim."

"Hakaret mi?"

"Evet, hakaret ettim. Hakaretimi fark eden oldu mu?"

"Şimdi anladım hocam, bize 'dinleyin' dediniz, 'tüm dikkatinizi buraya verin, sakın başka bir şey düşünmeyin' dediniz."

"Harikasın Pınar doğru bildin.

Siz beni yaklaşık 2 saattir dikkatle dinliyorsunuz. Derse başlarken 'beni dikkatle dinleyin' dedim mi, demedim. Ben, 'dinleyin' demediğim halde siz beni tüm hücrelerinizle dinlediniz ve eminim ki anlattıklarımın hepsi aklınızda."

"Evet hocam hepsini hatırlıyorum, isterseniz ilk dersi size olduğu gibi tekrar anlatabilirim."

"Harikasın Yusuf, biliyorum anlatabilirsin."

"İki saat boyunca ağzımdan yaklaşık yirmi dört bin kelime çıktı. Peki, 'beni dinleyin' demediğim halde anlattığım yirmi dört bin kelimeyi hatırlıyorsunuz da 'iyi dinleyin, dikkatinizi buraya verin, mutlaka öğrenin' dediğim şu 20 kelimeyi neden hatırlamıyorsunuz?"

"Aaa evet hocam bu çok ilginç."

"Hadi bakalım bunun sebebini biraz daha düşünün."

...

"Hocam gerçekten de çok merak ediyorum, ayrıca zekâmdan şüphe etmeye başladım. Ben bu kelimeleri neden hatırlayamıyorum sırayla?"

"Tamam anlatacağım."

"Hocam önce bizi meraklandırıyorsunuz, sonra da birazdan anlatacağım diyorsunuz, çatlatmayın bizi."

"Çatla çatla. Meraktan kim ölmüş."

"Bu gidişle ben öleceğim galiba."

"Peki, şimdi desem ki ben bu 20 kelimeyi sadece bir defa okuyacağım ve buradaki herkes bu listeyi hiç atlamadan sayabilecek."

"Nasıl yani?"

"Listeyi bir kere okuyacağım, sadece bir kere. Buradaki 200 kişinin tamamı bir kelimenin bile sırasını şaşırmadan sayabilecek."

"Herkes mi, inanmıyorum, imkânsız?"

"Evet sayacaklar."

"Anne babalar da mı?"

"Evet Duygu, hatta senin bile sayma ihtimalin var."

Öğrencilerin kahkahaları birbirine karışırken Duygu ayağa kalktı.

"Hocam yaa ben salak mıyım?"

"Bilmem, birazdan göreceğiz."

"Yaa ben salak değilim."

"Biraz salak duruyorsun ama olmama ihtimalin de var. Şimdi sana salak olmadığını ispatlama fırsatı vereceğim."

"Nasıl?"

"Bak ya bir de salak salak 'Nasıl?' diye soruyor."

Duygu sinirli bir şekilde yerine otururken Kahraman ayağa kalktı:

"Ya kıza bu kadar yüklenmesene!"

"Yüklenmiyorum ki gerçekleri söylüyorum."

"Tamam, şimdi ben de seninle ilgili gerçekleri anlatmaya başlayacağım."

"Sus be sus."

"Susmayacağım işte, sen konuşurken iyi mi?"

"Duygucuğum sen çok zekisin oldu mu?"

"Eğer Duygu'ya bir daha salak dersen ben de seninle ilgili her şeyi anlatırım."

Salondaki öğrencilerin bazıları 'Anlat, anlat' diye tempo tutturmazlar mı?

Gülmekten gözlerimizden yaş geldi.

"Hadi bakalım başlıyorum kelimeleri bir defa daha okumaya."

Tüm öğrenciler nefesini tutup zihinlerini söyleyeceklerimi dinlemeye odakladılar.

"Bir kere daha söylüyorum, kelimeleri bir defa okuyacağım ve siz hepsini sırayla sayabileceksiniz."

Salondan çıt çıkmıyordu.

"Beni dinlemeyebilirsiniz, dikkatinizi buraya vermenize de gerek yok, haydi başlıyorum."

10 saniye kadar bir kelime dahi söylemeden sessiz ce bekledim.

"Durun bir dakika, bir şey daha somak istiyorum."

"Ya hocam e hadi başlayın artık, heyecandan öleceğim şimdi!"

"Beni dinlemeyebilirsiniz dediğimde içinizden bir ses, 'Dur bir dinleyeyim bakalım ne diyecek?' dedi mi, demedi mi?

"Valla dedi hocam."

"Evet hocam aynen öyle dedi."

"Ya nereden biliyorsunuz, içimizi okuyorsunuz ve beynimizden geçeni biliyorsunuz, falcı mısınız nesiniz?"

"Falcı mı? Hımmm demek bana falcı diyorsun. Tamam, ben de vazgeçtim saymaktan. Yarına bırakıyorum bu konuyu."

"Hocaaaam."

"Ne vaaaar?"

"Meraktan ölürüm valla."

"Ya bizi meraklandırarak elinize ne geçiyor?"

"Lütfen anlatın, hadiiii."

"Ben okulda hiçbir öğretmeni dinlemek için bu kadar istekli olmamıştım."

"Okuldaki hocalar 'dinleyin' diye bas bas bağırıyor, kimse dinlemiyor. Siz dinlemeyin diyorsunuz, biz dinlemeye can atıyoruz ama siz anlatmıyorsunuz."

"Vayy Ahmet, ne güzel şeyler öğretiyorsun bize. Okulda öğretmenler sürekli olarak dinleyin dediği halde dinlemiyorsunuz, ben dinlemeyin dediğim halde dinlemek için can atıyorsunuz öyle mi? Doğru mu anladım canım?"

"Evet hocam tam da bunu söyledim."

"Bu çok ilginç bir tespit. Teşekkür ederim. Bundan sonra böyle ilginç ve sıra dışı düşüncelerini benimle paylaşırsan çok sevinirim. Sen de beni geliştirmiş olursun."

"Gerçekten mi hocam, söylediklerimi çok mu beğendiniz?"

"Hem de çoook."

"Hocam biz de söyleyebilir miyiz?"

"Tabi ki her zaman..."

"Haydi, başlıyorum kelimeleri okumaya. İlk okuduğumda ciddi, mantıklı ve edepli okumuştum."

"Şimdi edepsiz mi okuyacaksınız hocam?"

"Evet canım edepsiz okuyacağım. Manyak manyak, salak salak okuyacağım. Sıra dışı, acayip, abartılı, mantıksız bir şekilde okuyacağım. Bu güne kadar akıllı oldunuz da ne oldu sanki?"

"He valla bir şey olmadı, ancak birçok zayıfımız oldu."

"Sadece dinlemeyin, söylediklerimi gözünüzün önünde canlandırın, hayal edin, film gibi seyredin. Bazen söylediklerimi hissedin ve yaşayın. Anlatacaklarıma siz de katılın, olayların kahramanı olun tamam mı?"

"Tamam hocam."

"Hadi başlıyorum."

"Ne olur bir soru daha sormadan başlayın."

Alkışlayın arkadaşlar. Kendinizi alkışlayın, sahip olduğunuz süper zekâyı, ortaya çıktığında göz kamaştıran kapasitenizi alkışlayın. Size değer verip buraya getiren anne-babanızı alkışlayın. Ve size bu nimetleri veren Allah'a şükrederek bir sanat eseri olan kendinizi bir daha alkışlayın.

Sen Hiç Kendini Alkışladın mı?

"Liste hangi kelimeyle başlıyor?"

"Ayakkabıyla."

"Ayağına ayakkabı yerine iki tane uçak giydiğini düşün.

Biri sağ, biri sol ayağında. Ayaklarını hareket ettirince bir baktın ki uçak uçuyor ve üzerinde sen.

Bir de baktın ki uçağın arkasından duman yerine elmalar çıkıyor. Aaa elma. Mavi, siyah, beyaz. Bu renkte olanlarını daha önce hiç görmediğin rengârenk elmalar.

Elmanın birini alıp ısırınca bir de baktın ki içinden kocaman bir zürafa çıktı. Zürafa küçücük bir bisiklete binmiş. Bu çok sıra dışı bir bisiklet. Fırının içine park ediyor. Gözünün önüne getir. Alev alev yanan sapsarı bir fırın.

Fırından ekmek yerine sigara çıkıyor.

Adamın biri sigara içmek için paketini açınca bir de ne görsün? Sigara yerine bir ağaç. Adam ağaç içiyor. Uyyy kökünün çamuru ağzına dolunca adam tükürüyor.

Ağaç ileride bir yere gidip devrilmeden duruyor. Dallarında meyve yok. Meyve yerine renkli televizyonlar var. Düşünsene her biri 698 ekran olan televizyonlar ağacın dallarında.

Televizyonda araba yarışı seyrediyorsun. Dünyanın en ünlü isimleri yarışıyor. Arabaların sesini duysana; vijj vijj. Baban da var, at arabasına binmiş ve yarışmada birinci geliyor.

Arabanın koltukları yok, onun yerine halı var. Hayal etsene arabada koltuk yerine halı serilmiş. Oturunca bir de bakıyorsun ki halı kâğıttan yapılmış. Hışır hışır gelen kâğıt sesini duyuyor musun?

Kâğıdı eline alınca bir de bakıyorsun ki şişeye dönüşmüş. Aaa kâğıt elinde bir şişeye dönüşmüş.

20 cm uzunluğunda bir şişe.

Şişenin içinde bir yatak var ki boyu iki metre. Ya bu yatak bu şişeye nasıl girmiş diye hayretle bakarken daha acayip bir şey görüyorsun. Yatakta kim oturuyor biliyor musun? Bizim Kahraman. Kahraman'ın altında birçok yumurta var. Meğer kuluçkaya yatmış. Gülmekten ölüyorsun. Acaba bu ne yumurtası, içinden ne çıkacak diye merakla bekliyorsun. Yumurta kırılınca gözlerine inanamıyorsun. İçinden binlerce karınca çıkıyor. Gördün mü sapsarı karıncaları? Sana doğru gelip vücuduna doluşuyorlar. Ayyy elbisenin içinde sanki seni ısırıyorlar. Kovalıyorsun hepsini.

Kaçanlardan birini tutuyorsun ve bir de bakıyorsun ki sırtında bir çanta. Annenin çantası gibi bir çanta. 'Çantada ne var?' diye soruyorsun. 'Aç da bak.' diyor. Açınca bir bakıyorsun ki kocaman bir timsah. Aman Allah'ım timsah! Ve timsahın ağzında son model bir bilgisayar. Tam da senin sevdiğin marka. Süper bir bilgisayar. Sana 'hoş geldin' diyor.

Bu kadar.

Şimdi ekrandaki kelimeleri kaldırıyorum. Ben kelimeleri tek tek soracağım siz de söyleyeceksiniz. Siz söyledikten sonra kelime ekranda görünecek. Hepiniz kendinizi kontrol edin, bakalım ne kadarını atlamadan sayabiliyorsunuz."

Başlıyorum.

Liste hangi kelimeyle başlıyordu?"

"Ayakkabı"

"Ayakkabı yerine ayağında ne var?"

"Uçak"

"Uçağın arkasından duman yerine ne çıkıyor?"

"Elma"

"Elmayı ısırınca içinden ne çıkıyor?"

"Zürafa"

"Zürafa neye binmişti?"

"Bisiklet"

"Bisiklet nereye park ediyor?"

"Fırın"

"Fırından ekmek yerine ne çıkıyor?"

"Sigara"

"Adam sigara yerine ne içiyor?"

"Ağaç"

"Dallarında ne var?"

"Televizyon"

"Televizyonda ne seyrediyorsun?"

"Araba yarışı"

"Koltukları yerine ne var?"

"Halı"

"Halı neden yapılmış?"

"Kâğıt"

"Kâğıt elinde neye dönüşüyor?"

"Şişe"

"Şişenin içinde ne var?"

"Yatak"

"Yatakta ne var?"

"Kahraman"

"Altında?"

"Yumurta"

"Yumurtanın içinden ne çıkıyor?"

"Karınca"

"Karıncanın sırtında ne var?"

"Çanta"

"Çantanın içinden ne çıkıyor?"

"Timsah"

"Ağzında ne var?"

"Bilgisayar"

"Duygu, sayabildin mi canım?"

"Hocam inanamıyorum kendime hepsini de doğru saydım."

"Salaklıktan kurtuldun yani."

"Ben böyle salaklığa kurban olurum hocam."

"Bakın şimdi daha ilginç bir şey yapacaksınız."

"Neymiş o?"

"Bu kelimeleri hatırlamanız için bazı sorular sordum değil mi?"

"Evet."

"Siz soruların yardımıyla tüm listeyi saydınız, hem de hiçbirinin sırasını şaşırmadan."

"Aynen öyle."

"Şimdi ben ağzımı açmayacağım ve hiçbir soru sormayacağım. İpucu vermeyeceğim ve siz listeyi yine sayabileceksiniz."

"Gerçekten mi?"

"Hem de bu sefer yukarıdan aşağıya doğru değil, aşağıdan yukarı doğru sayabileceksiniz."

"Bu mümkün mü?"

"Deneyelim o zaman. En son kelime neydi? "

"Bilgisayar"

"Ondan önce?"

"Timsah"

"Ondan önce?"

"Çanta"

...

Ben hiçbir hatırlatmada bulunmadan salondakiler kelimeleri sırayla sayınca güçlü bir alkış fırtınası koptu.

"Alkışlayın arkadaşlar. Kendinizi alkışlayın, sahip olduğunuz süper zekâyı, ortaya çıktığında göz kamaştıran kapasitenizi alkışlayın. Size değer verip buraya getiren anne-babanızı alkışlayın. Ve size bu nimetleri veren Allah'a şükrederek bir sanat eseri olan kendinizi bir daha alkışlayın."

"Şimdi size bir soru daha soracağım, cevabını bana değil, kendinize verin.

Bu 20 kelimeyi akıllı, uslu, mantıklı ve tane tane saydığımda hatırlayamadınız da manyak manyak, sıra dışı, abartılı bir hikâye şeklinde saydığımda hepsini hatırladınız.

Düşünün bakalım bu nasıl oluyor?"

Geçenlerde ders kitabını öfkeyle yere çarpan bir öğrenci gördüm. 'Ne yapıyorsun ya, kitabı neden yere çarptın öyle?' diye sorunca 'Anamla babama kızdığım için' demez mi? 'Peki,' dedim. 'Kitaba kızınca ananla babana da çarpıyor musun? Durdu, biraz düşündü ve güldü. 'Bu hiç aklıma gelmemişti.'

"Çalış" Demek Hakaret Gibi...

Öğrencilerin yüz ifadeleri ve oturuşları değişmeye başlamıştı. Güvenleri artmış gibi daha dik oturuyorlar, konuşmalara daha çok müdahale ediyorlar ve soru soruyorlardı. Hepsinden önemlisi birbirlerine gülümsüyorlardı. Gözlerindeki ışıltının artmaya başladığını fark ettim. Bir kurs veya dersin sıkıcılığından çok eğlenceli bir sahne gösterisindeymiş gibi rahat ve mutlu görünüyorlardı.

Anne babaların mutluluğu daha belirgindi. Kelimeleri sırayla sayarken bazıları çocuklarından önce söylüyorlardı. Öğrenci gibi heyecanlıydılar. Belli ki öğrenmenin zevkli bir şey olduğunu yeni yeni fark ediyorlardı. Sıkılmışa benzer bir halleri yoktu.

"İnsan beyni tosbağa gibidir, yani kaplumbağa gibi. Tosbağa ne kadar da yavaş, sakin ve huzurlu yürür değil mi? Gerçi çoğunuz şehirde büyüdüğünüz için belki de hiç tosbağa görmediniz."

"Hocam ben bir kere hayvanat bahçesinde görmüştüm."

"Biz köyde büyüdüğümüz için tarlada, kırda, bayırda çok görürdük. Kahraman bir keresinde ters dönmüş ve ayakları havada kalmış bir tosbağa gördüğünde onu önceki haline getirmiş, yani onu sırtüstü pozisyonundan almış, ayakları üzerine çevirmiş ve ölümden kurtarmıştı.

Tosbağa başını çıkarıp yavaş yavaş yürürken bir çıtırtı veya gürültü duysa hemen başını içeri çeker. Kendini tehlikede hissederse ayaklarını da içeri çekip yuvasına kapanır. Yanına yaklaşıp hafifçe vursa asla başını dışarı çıkarmaz. Tekme atsanız bile çıkmaz. Neden? Çünkü o huzuru ve güveni sever.

İnsan beyni de böyledir. Eğlenceli, rahat ve mutlu bir ortamda beynin tüm hücreleri açılır. Duyduğu ve gördüğü her şeyi öğrenir. Ancak gergin, stresli, güvensiz ve mutsuz bir ortamda kapanıverir.

'Dinle, odaklan, buraya bak, dikkat et' gibi emir cümlelerini duyan beyin kendini kötü hisseder, aşağılandığını zanneder ve hemen kilitlenir.

Ben ilk başta size 'beni dinleyin, önemli şeyler anlatacağım' demedim. Siz buna rağmen beni iki saate yakın dinlediniz. Teneffüs yapmak bile gelmedi aklınıza. Ancak 20 kelimeyi okurken, sizi 'iyi dinleyin, buraya bakın, iyi odaklanın' diye uyardığımda beyniniz birden kendini hakarete uğramış hissetti ve bana 'hadi be dinlemeyeceğim işte' deyip kendini kapattı.

Tosbağa bir müddet yuvasında kalıp seslerin kesilmesini bekler. Tehlikenin geçtiğini hissettiği anda kafasını ve ayaklarını çıkarıp yine sakin bir şekilde yürümeye devam eder."

"İşte ben size ikinci bölümde 'dinlemeyebilirsiniz, odaklanmanıza gerek yok' dediğimde beyniniz hakaret ve aşağılamaların bittiğini düşünüp kendini dışarıya karşı kapatmaktan vazgeçti. Biraz eğlence, biraz espri, biraz da sıra dışılık katınca beyniniz rahatlayıp kendini tamamen sözlerimin etkisine bıraktı.

Peki, sonuçta ne oldu?"

"Birincisinde hatırlayamadık, ikincisinde hem yukarıdan aşağıya, hem aşağıdan yukarıya kadar hepsini hatırlayabildik."

"Hocam biz bugüne kadar çocuklarımıza ders çalış derken hata mı ettik?"

"Sultan Hanım, bizim çocuklarımıza ne dediğimizden çok onların ne anladığı önemli. 'Ders çalış, derslerini yap, ödevini bitir' demenin neresi zararlı olabilir ki? Çocuk lar dersleri kendileri için değil de bizim için öğrendiklerini düşündükleri zaman anne-baba ve öğretmenlerini düşman olarak algılarlar. Dersler çocukla öğretmen ya da çocukla anne-baba arasında düşmanlık oluşturan nesnelere dönüşürler.

İşte o zaman 'ders çalış' demek en büyük hakaret, aşağılama ve saldırı olarak anlaşılabilir.

Ben ana babasına kızıp ders kitabını yere çarpan öğrenciye rastladığım gibi, derslere kızdığı için ana-babasına küsen öğrenciye de rastladım.

Geçenlerde ders kitabını yere çarpan bir öğrenci gördüm. 'Ne yapıyorsun ya, kitabı neden yere çarptın öyle?' diye sorunca 'Anamla babama kızdığım için' demez mi? 'Peki' dedim. 'Kitaba kızınca ananla babana da çarpıyor musun? Durdu, biraz düşündü ve güldü. 'Bu hiç aklıma gelmemişti.' "

"Hocam peki biz çocuklara ders çalış demeyeceğiz de ne diyeceğiz? Çalış dediğimiz halde çalışmıyorlar, çalış demezsek hiç çalışmazlar."

"Bunu size aile toplantısında anlatacağım."

"Hocam saçmaladığımız halde kelimeleri atlamadan sayabilmemize hâlâ hayret ediyorum, bunu nasıl başarabildik?"

"Bu beyni kullanmakla ilgili. Beynimiz iki bölümden oluşuyor. Sağ lob ve sol lob. Ben ilk başta beynin sade ce sol lobunu kullanarak okudum. İkinci bölümde beynin hem sağ, hem de sol lobunu birlikte kullanarak okudum. İnsan, beyninin iki tarafını birden kullanarak çalışırsa, öğrenme ve hatırlama oranı çok yükselir."

"Sağ beyinle sol beyin farklı mı çalışıyor?"

"Evet."

"Biraz anlatabilir misiniz, nasıl çalışıyor yani?"

"Anlatacağım, ancak şimdi değil, zamanı geldiğinde."

"Hocam öğrenmek istiyorum."

"Neden?"

"Merak ediyorum ve anlattıklarınız bana çok ilginç geliyor."

"Daha seminerin ilk günündeyiz, başlayalı üç saat oldu, 37 saatimiz daha var."

"Üç saatte bile şaşkına döndük hocam."

"Neden?"

"Ezberimiz bozuluyor, bildiklerimden şüphelenmeye başladım. Bana öyle geliyor ki çocuklarıma iyilik olsun diye büyük kötülükler yapmışım, farkında olmadan zarar vermişim."

"Pervin Hanım, velilerle ilgili, çocuk eğitimiyle ilgili kısımlara daha başlamadık bile. Buna rağmen farkındalığınızın artması sevindirici."

"Hocam seminere bugün bizi misafir olarak almasaydınız bu dinlediklerimizin farkında bile olmayacaktık. Çok teşekkür ederim. Seminerin tamamına katılabilir miyiz?"

"Baklavanın bir dilimi hoşunuza gitti galiba?"

"Evet, çok beğendim, hepsini istiyorum."

"Bugün bitsin bakalım, birlikte karar veririz."

"Gözlerimizin hareketleriyle ilgili de bilgi verecek misiniz?"

"Evet."

"Ne zaman?"

"Zamanı geldiğinde..."

"Çatlamaya devam edeceğiz yani."

"Şu kadarını söyleyeyim. Gözle beyin ortak çalışır. Beyin öğrenip depolar. Hatırlama konusunda gözden yardım ister. Bir insan sadece göz hareketlerinin ne anlama geldiğini öğrense bile ortalamadan 10–15 fazla sorunun doğru cevabını hatırlayabilir."

"İnanamıyorum."

"İster inan ister inanma, seçim senin."

"Hocam Burak arkadaşımız inanmadığını söylese de içi içini kemiriyordur meraktan."

"Ben bu kelimeleri size niye saydırdım biliyor musunuz: Ne kadar akıllı ve zeki olduğunuzu ve hafızanızın ne kadar güçlü olabileceğini göstermek için."

"Başardınız valla."

"Şimdi kendinize güvenmeye, harika bir kapasiteye sahip olduğunuza inanmaya başladınız mı?"

"İçimde bazı iyi şeyler olmakla beraber daha tam olarak inanamıyorum, bazı şeyler şaka gibi geliyor."

"Ben de kendime soruyorum, acaba rüya mı görüyorum diye."

"Benim de şüphelerim var çünkü içim karıştı."

"Hocam az önce çocuklarımıza yaptığınız mucize gibi geldi. Çocuğumun bu kadar zeki olduğunu bir başkası söylese inanamazdım. Burada gözlerimle gördüm."

"Zekâ böyle birkaç saatte gelişir mi hocam, hafıza birdenbire böyle güçlü çalışır mı?"

"Şimdi size bir soru daha sorayım: Sizce çocuklarınız bugün mü zeki oldular, yoksa daha önceden zekiydiler de bundan haberleri mi yoktu?

Hadi bakalım düşünün biraz."

Aradan 15 gün geçti, petrol çıkacağına dair en ufak bir işaret bile yoktu. mühendis vazgeçmeden çalışmalarına devam etti. Bazılarının dedikodularına ve dalga geçmelerine takılmadan gayret ediyor, hedefine ulaştığı günü hayal ediyordu. Yaklaşık bir buçuk ay sonra kuyunun derinliği bin metreye yaklaşmıştı. Çıkan suyun rengi değişmeye başladığını gören çalışanlar kuyunun ağzına biriktiler.

Çiftçinin Petrolü

Fakir çiftçi yine üzgün bir şekilde gelip köy kahvehanesine oturdu. Çayını içerken dalıp gidiyordu. Bir yıldır emek verdiği ekinlerini biçmek için gitmiş ancak yine hayal kırıklığına uğramıştı. Tarladan bu yıl da beklediği verimi alamamıştı.

Alacaklılarına harmana kadar beklemelerini söylemişti. Şimdi ne yapacaktı, borçlarını nasıl ödeyecekti...

Ne yapacağını bilmez durumda ikinci çayını yudumlarken kahvehanenin kapısından uzun boylu, güzel giyimli ve bakımlı bir yabancının girdiğini gördü.

"Mürsel Bey diye birini arıyorum." dedi yabancı.

Yanlış mı duymuştu acaba? Gelen adam kendi adını söylüyordu.

"İçinizde Mürsel Bey'i tanıyan var mı?" diye tekrarladı sorusunu.

"Buyurun benim."

"Merhaba efendim."

"Merhaba beyim hoş geldiniz."

"Hoş bulduk Mürsel Bey, şu tepenin yamacındaki taşlı tarla sizinmiş herhalde."

"Evet benim, hayırdır bir şey mi vardı?"

"Evet efendim iyi bir şey var, hem de çok iyi bir şey. Ben o tarlayı satın almak istiyorum."

"Benim taşlı tarlayı mı?"

"Evet."

"Kusura bakma orası satılık değil."

"Neden?"

"Çünkü verimli bir tarla değil."

"Olsun, ben yine de almak istiyorum."

"Beyefendi çorak bir tarlayı satıp da seni aldatmak istemem, çünkü bana her sene zarar ettiriyor. Bak bu sene de verim yapmadı, borçlarımı nasıl ödeyeceğimi bilmiyorum."

"İyi ya vereceğim parayla hem borçlarını ödersin, hem de verimsiz tarladan kurtulmuş olursun."

"Beyefendi anlatamıyorum galiba, benim tarlam beş para etmez. O yüzden satmayacağım."

Adam çiftçinin tarlasını satmamakta kararlı olduğunu gördü. Çiftçi devam etti:

"Hem bu taşlı tarlayı alıp da ne yapacaksın?"

"Mürsel Bey, ben petrol mühendisiyim."

"Petrol mühendisi mi?"

"Çoktandır bu civarda inceleme yapıyoruz. Senin tarlanda petrol var."

Çiftçi kahkahayı attı.

"Yahu köylüyüz diye dalga mı geçiyorsun? Benim tarlamdan buğday bile çıkmazken petrol nasıl çıksın?"

"İstediğin paranın iki katını vereceğim."

"Hayır, yine de satmayacağım."

Mühendis, işinin zor olduğunu anlamıştı. Bir süre düşündükten sonra: "Tamam, madem satmıyorsun, tarla senin olsun. Satma.

Ben petrol aramak için tarlanı bana kiraya vermeni istiyorum. Kira bedeli olarak bütün borçlarını ödemeye hazırım. Petrol çıkarsa yarısı senin, çıkmazsa tarla yine senin. Ne kaybedeceksin ki, nasıl olsa hep zarar ediyorsun."

Mürsel Bey alacaklılarının para için kapıya dayanacağı günü düşündü bir an.

"Peki, kabul ediyorum, tarla bir yıllığına senin."

Petrol mühendisi büyük bir memnuniyetle ayrıldı oradan. Hemen gerekli hazırlıkları yapıp kuyu kazmaya başladı. Köylüler petrol arama sahasının etrafında toplanıp sohbet ediyorlardı. Arada bir de Mürsel'e takılıyorlardı:

"Yahu Mürsel, çok zengin olacakmışsın öyle mi?"

"Milyonlarca lira paran olacakmış."

"Petrol çıktığında artık bize de iki inek alırsın değil mi?"

Aradan 15 gün geçti, petrol çıkacağına dair en ufak bir işaret bile yoktu. Mühendis vazgeçmeden çalışmalarına devam etti. Bazılarının dedikodularına ve dalga geçmelerine takılmadan gayret ediyor, hedefine ulaştığı günü hayal ediyordu.

Yaklaşık bir buçuk ay sonra kuyunun derinliği bin metreye yaklaşmıştı. Çıkan suyun rengi değişmeye başladığını gören çalışanlar kuyunun ağzına biriktiler. Rengi koyulaşmıştı ve kokuyordu. Evet, işte bulmuşlardı petrolü.

Bir ay içinde sistemi kurup satışlara başladılar. İki ay içinde Mürsel Bey kendine düşen payla zengin olmuştu.

"Şimdi sana soruyorum:

Çiftçi Mürsel iki ayda mı zengin oldu, yoksa aslında çok daha önceden zengindi de bundan haberi mi yoktu?"

Aynur amcamızın kızı, abimle yaşıtlar ve ilkokulu beraber okudular. Abimin yine yatağa işediği bir sabah Aynur bize geldi. Köyde herkes birbirinin evine rahatça girip çıktığı için Aynur da odamıza kadar geldi. Abime seslendi. Abim yataktan çıkmadığı gibi kıpırdamadan yatıyordu, çünkü korkuyordu.

Kim Bu Aynur?

"Duygu!"

"Efendim hocam."

"Sende önceden zekâ yoktu, gerçi şimdi de yok."

"Ya hocam benden ne istiyorsunuz yaa."

Kahraman yerinden kalktı, sahneye geldi ve beni dinlemeden konuşmaya başladı.

"Arkadaşlar Duygu'nun intikamını alma vakti geldi mi?"

"Eveeet."

"Bu hocanızın bahsettiği Aynur var ya..."

"Evet?"

"Onun kim olduğunu biliyor musunuz?"

"Hayır, yoksa sevgilisi mi?"

"Aynur, amcamızın kızı, abimle yaşıtlar ve ilkokulu beraber okudular. Abimin yine yatağa işediği bir sabah Aynur bize geldi. Köyde herkes birbirinin evine rahatça girip çıktığı için Aynur da odamıza kadar geldi. Abime seslendi. Abim yataktan çıkmadığı gibi kıpırdamadan yatıyordu, çünkü korkuyordu."

"Neden?"

"Altında naylon seriliydi ya, kıpırdarsa naylonun hışırtısı gelecek, Aynur da anlayacak bizim sidiklinin ne marifetleri olduğunu..."

"Ha ha ha ha..."

Kahkahalar havada uçuşuyordu yine.

"Abim yaptıklarını gizleme konusunda marifetliydi."

"Nasıl?"

"Bir gün akrabalarımızı ziyarete gitmiştik. Gece de orada yattık. Sabah bir kalktık ki aha bu hocanız var ya..."

"Eee?"

"Bilin bakalım ne yapmış?"

"İşemiş mi yoksa?"

"Eveeet!"

"Ha ha ha ha..."

Salondakiler gülmekten kırılırken Duygu zarif sesiyle: "Ya Kahraman abi hocamızı mahcup etme." dedi.

"O seni kızdırıyor ama."

"Hayır, o bana sadece şaka yapıyor."

"Yahu ben senin intikamını almak için aslanlar gibi çıktım bu sahneye."

"Ben intikam almak istemiyorum ki, hocamızı seviyorum."

"Tamam be, ne halin varsa gör." deyip yerine geçerken birden durdu ve tekrar sahneye geldi.

"Hocanız o gün erkenden kalkıp ne yaptı biliyor musunuz?"

"Ne yaptı?"

"Bir baktık ki yatağın ortasında bir metre çapındaki bir daire kadar ıslaklık. Mübarek inek gibi işemiş. Hemen tutup yatağı ters çevirdi, yani altını üstüne getirdi."

'Neden yaptın?' dedim.

'Biz gidene kadar yatağı toplamazlar. Biz gittikten sonra görseler de bir şey olmaz, nasıl olsa gitmiş oluyoruz' dedi. İşte hocanız bu kadar zeki, kıymetini bilin."

"Tamam, sen bunu anlattın ya, öldün şimdi."

"İyi ettim."

"Ben de senin yaptığını bir anlatacağım ki bir daha bu salona giremeyeceksin. Kimsenin yüzüne bakamayacaksın."

"Hocam Aladağ'daki Zeynep'i anlatacaktınız."

"Evet anlatacağım."

"Ne yaptı hocam, liseyi bitirebildi mi, üniversiteyi kazanabildi mi?"

"Hadi şimdi yine bir çay-kahve arası yapalım, içeri girince anlatacağım. Arada birbirinizle tanışın, konuşun, sohbet edin. Arkadaşlarınızla bu seminerin dedikodusunu yapın, ailenizi çekiştirin, okulunuzu anlatın."

Zeyneplerin evini bu defa kimseye sormadım, çünkü ilk geldiğimde öğrenmiştim nerede olduğunu. Bahçe kapısı açıktı. Avluya girer girmez gözüme yeşil renkli olan teneşir çarptı. Yanında altındaki közlerden hâlâ duman tüten iki kazan. Kanımın çekildiğini hissettim.

Zeynep Sınava Giriyor...

"O günden sonra Zeynep'le haberleşmeye devam ettik. O zamanlar cep telefonu olmadığı için ev telefonuyla görüşüyorduk. Sık sık da mektuplaşıyorduk. Yazdığı mektuplardan çok etkileniyordum, bazılarını götürüp okulda öğrencilerime de okuyordum.

Mektuplarını çok güzel yazıyordu. Okurken bazen dayanamayıp ağlıyor, bazen gülüyor, çoğu zaman da derin düşüncelere dalıyordum. Zeynep sanki benim duygusal eğitmenim olmuştu. Düşünebiliyor musun neredeyse tüm organları arızalı, bozuk ve hasarlı olan Zeynep öyle sağlam bir duyguyla ve sevgiyle yazıyordu ki, tüm organları sağlam olan bizlerin duygularımızdaki hasarları, arıza ve bozuklukları tamir ediyordu.

Aradan aylar ve yıllar geçti. O zamanlar okulları dışarıdan bitirme sınavları vardı. Zeynep önce ortaokul diplomasını aldı. Ardından lise derslerini geçmek için çalışmaya başladı. Bir yandan da üniversite sınavlarına hazırlanıyordu.

Üniversite sınavına girmek için Adana'ya geldiğinde evimizde misafir ettik. Biliyor musun o kadar minicikti ki yatak olarak bir minder bile yetiyordu.

Sınav gecesi kendisiyle sohbet ettik, elimden geldiği kadar onu rahatlatmaya, sınav heyecanını azaltmaya çalıştım. Sabah olunca alıp sınava götürdüm ve çıkıncaya kadar bekledim.

Çıktığında yüzü gülüyordu. 'Çok ümitliyim hocam, inşallah Çukurova Üniversitesi Eğitim Fakültesini kazanırım.' dedi.

O yıllarda internet bu kadar yaygın olmadığı için sonuçlar açıklandığında postacı onu zarfla eve getirirdi. Önceden demiştim ki, 'Zeynep istersen adres olarak bizim evi ver, burası merkez olduğu için sonucu çabuk öğreniriz, sizin ilçeye daha geç gelir.'

Zeynep ailemizi çok sevdi, eşim ve çocuklarım da onu görmeden mektuplarından tanıdıkları kadarıyla çok sevmişler, ailemizden biri gibi görmeye başlamışlardı.

Ona bir mektup yazdım:

Zeynep, geçen hafta üniversiteye gittim, eğitim fakültesi sınıf öğretmenliği *bölümünü gördüm. Seni orada, o sıraların arasında hayal edince çok sevindim. Dekanla görüşüp yerini ayırttım. Yurda gitmedim, çünkü eşim bizde kalmanı istiyor. Sen de uygun görürsen bizim evde kalmanı istiyoruz. Hatırlıyorsan sana söz vermiştim. Üniversiteyi bitirinceye kadar sana burs da ayarlayacağım. Böylece ailene hiç masrafın olmayacak. Sonuçların açıklanacağı günü şimdiden heyecanla bekliyoruz. Ailece hepimiz selam ve sevgilerimizi gönderiyoruz canım.*

Çıktığın başarı yolculuğundaki arkadaşın Metin *YILDIZ.*

* * *

On beş gün sonra Zeynep'ten cevap geldi:

Sevgili hocam, abim, arkadaşım, yoldaşım.

Allah seni buraya bir lütuf olarak gönderdi. Seni ve aileni tanıdığım için kendimi çok şanslı görüyorum. İyi ki televizyon programına telefon edip seni davet etmişim ve iyi ki sözünü tutup gelmişsin. Beraber gözleme yiyip ayran içtiğimiz yeri hatırlıyor musun? Hani Almanların maden çıkardığı yer. Bizim köylüler üstünde oturdukları madeni keşfedemediler ama sen gelip benim kendimi keşfetmemi sağladın. Sana ne kadar teşekkür etsem azdır.

Ben her gün televizyonun karşısına geçip sonuçların açıklandığı haberini heyecanla bekliyorum. İçimde *kazanacakmışım gibi bir his var. Annemle babam sizde kalmam için yaptığınız teklife çok sevindiler ancak size yük olacağımı düşündükleri için sizde kalmama pek razı olmuyorlar.*

Hocam senden bir şey isteyebilir miyim? Hani sınav sonucu sizin eve gelecek ya, zarfı açmasan olur mu? Yanlış anlama bu kadar emek verip çalıştım ya, sonucu ilk defa kendim görmek istiyorum. Beni anlayacağını ümit ediyorum. Yine de zarfı açıp sonucu bana telefonla bildirirsen de bir şey demem ama zarfın içinde ne yazdığını kendim görmek istiyorum."

Zeynep iki-üç güne bir telefon ediyordu.

Nihayet beklenen gün geldi. Postacı kapıyı çalıp zarfı verdiğinde günlerden cumartesiydi. Eşimle birkaç dakika öylece kalakaldık. Zarfı açıp açmama konusunda kendimle bir hayli savaştıktan sonra açmamaya karar verdim.

'Hadi kalk gidelim.' dedim eşime.

'Şimdi mi?'

'Evet, bak saat daha 10, Ali Abi'den arabayı alıp gideriz. İkindi üzeri varırız Aladağ'a. Yarın Pazar ya, belki bu gece kalırız. Bu mutlu gününde yanında oluruz.'

Yola çıktığımızda saat on bire çeyrek vardı.

Eşim 'Zeynep'le en son ne zaman konuştun?' diye sordu.

'Sanırım son bir haftadır hiç aramadı.'

'Evet ya, niye aramadı ki? Biz de aramadık. Neyse bugün vardığımızda uzun uzun sohbet ederiz.'

'Biliyor musun canım, babası onu okutamayacağını söylüyor.'

'Zeynep'i mi?'

'Evet.'

'Neden?'

'Okutacak durumu yokmuş.'

'Çok mu fakirler?'

'Evet.'

'Biz yardımcı olacağız dedin ya.'

'Olsun yine de okutamayacağını söylüyor adam. 'Bakma sen onun üniversiteye giderim diye kendini böyle avuttuğuna, sapasağlam gençler okumakta zorlanıyor, benim yarım bedenli kızım kazandığı zaman nasıl okuyacak, ona kim bakacak, bizim maddi durumumuz da ortada.' diyor.

'Yarımsa bedeni yarım, aklı da yarım değil ya.'

'E gel de anlat.'

Şu dünyanın haline bak ya, bazıları çocuğu kazansın diye onca masraf eder, varını yoğunu ortaya koyar, bazıları da kazanan çocuğunu okutmak istemez. Ne insanlar var ya."

İkindi vakti Zeyneplerin köyüne yaklaştık. Tam köyün girişine geldiğimizde yolun 50 metre aşağısında bir kalabalık gördük.

"Mezarlığa doğru gidiyorlar, biri ölmüş galiba."

"Baba, herhalde bir çocuk ölmüş, baksana bir adam cenazeyi kucağında taşıyor."

"Siz burada durun, ben de gideyim mezara."

"Olmaz yaa bir an önce gidelim Zeynep merakla bekliyordur."

"Zeyneplerin evini bu defa kimseye sormadım, çünkü ilk geldiğimde öğrenmiştim nerede olduğunu. Bahçe kapısı açıktı. Avluya girer girmez gözüme yeşil renkli olan teneşir çarptı. Yanında altındaki közlerden hâlâ duman tüten iki kazan.

Kanımın çekildiğini hissettim.

Arabadan iner inmez daha önce oturup çay içtiğimiz çardağı dolduran kadınların arasındaki Zeynep'in annesini gördüm. Elleriyle dizlerini döverken sesi gökyüzüne ulaşıyordu."

"Gitti hocaaam, Zeynep gittiiii, yavrum gittiii..."

En son hatırladığım şey elimdeki sonuç belgesini kimseye göstermeden katlayıp ceketimin iç cebine koyuşumdu.

Eşimle çocuklarımı indirip arabayı hemen mezara doğru sürdüm. Mezarına birkaç kürek toprak atmak nasip oldu ama ona beklediği müjdeli haberi vermek için geç kalmıştım.

O gece orada kaldık. Sabah çardakta annesi sordu: 'Sonuçlar belli olmuş hocam, Zeynep'im kazandı mı? Bir aydır her gün sizi andı ve dilinden hiç düşürmedi.

Bu sene sizin evde kalmanın hayalini kuruyordu.'

Elimi ceketimin iç cebine attım, zarfı çıkardım. 'Aha burada.' dedim. Zarfı açmadım, çünkü ilk önce kendisi açmak istiyordu.

Babası 'Ah yavruuum,' diye hıçkırırken annesi fenalık geçirdi. Zarfı bir süre elimde tuttum. Elim açmaya varmıyordu, gözüm sonucu Zeynep'ten önce görmek istemiyordu.

Elimdeki zarfı açmadan ortaokula giden kardeşi Hüseyin'e uzattım:

"Al canım aç da sonucu ablanın yerine önce sen gör. Belki sen de ilerde kendi başarını kendin görürsün. Oku da herkes duysun."

Hüseyin elleri titreyerek zarfı açmaya çalışıyordu.

Sonucu bilmiyordum ama kazanmış olacağına dair güçlü bir his vardı içimde.

Hüseyin zarfı açtı, içindeki katlanmış kâğıdı düzeltti ve ağlamaya başladı:

Adı: Zeynep, Soyadı: Sağlam

Kazandığı Okul: Çukurova Üniversitesi, Eğitim Fakültesi, Sınıf Öğretmenliği Bölümü, Balcalı Kampüsü, Adana

Puanı: 462

Bundan sonra ne yapmam gerektiğini öğrenmek için bir sabah erkenden kütüphaneye gitmemle, hayal kırıklığına uğramam bir oldu. Üniversite beni kabul etmişti, burs da ayarlanmıştı hatta iş bile bulunmuştu. Ancak benim gidebilmem için bir başka engeli daha aşmam gerekiyordu...

Yoksa Bu Bir Rüya mı?

Günler, haftalar geçti. Bir ay geçti, iki ay geçti. Ben her gün büyük bir ümitle kütüphaneye geliyor, doğruca memurun yanına gidiyordum. Beni her zaman gülümseyerek karşılıyordu. Ben "Cevap geldi mi?" diye soruyordum o da "Hayır." anlamında kaşlarını üzgün bir şekilde yukarı doğru kaldırıyordu.

Üçüncü ayın sonuna doğru yaklaşırken bir sabah yine kütüphaneye girdim. Daha ben ona doğru gitmeden memur koşarak yanıma yaklaştı. Elindeki zarfı göstererek "Geldi!" dedi.

Zarfı ellerim titreyerek açtım.

Skagit Üniversitesi dekanı mektubumu aldığını ve bizzat kendisinin okuduğunu yazarak başlamıştı. Okurken çok heyecanlandığını, kararlılığımdan ve gösterdiğim mücadeleden çok etkilendiğini, bunun için beni okula büyük bir istekle kabul ettiğini, ayrıca bununla da kalmayıp barınma, beslenme ve diğer masraflarımı karşılayabilmem için bana burs sağladığını ve ayrıca da bir iş ayarladığını yazıyordu.

Gözlerime inanamadım. Bu bir rüya mıydı yoksa?

Büyük düşümün bir parçası gerçekleşmişti. O gün orada yaşadıklarımı anneme, babama, kardeşlerime ve kabilemdeki arkadaşlarıma anlatmayı o kadar çok istedim ki... Bu mektupta yazanları duysalardı çok sevinirlerdi.

Uyuyamadım o gece. Gözlerimi kapatınca gözümün önüne Skagit Üniversitesi sınıfları, hocaları, öğrencileri, dersleri, bahçesi geliyordu. Tanrıya şükrettim. Kutsal kitabın bazı bölümlerini yeniden okudum.

Göçmenin ilerleyişi devam ediyordu.

Bundan sonra ne yapmam gerektiğini öğrenmek için bir sabah erkenden kütüphaneye gitmemle, hayal kırıklığına uğramam bir oldu.

Üniversite beni kabul etmişti, burs da ayarlanmıştı hatta iş bile bulunmuştu. Ancak benim gidebilmem için bir başka engeli daha aşmam gerekiyordu. Pasaport ve ABD vizesi.

Pasaport almak için gerekli yere gittiğimde nasıl aşacağımı bilmediğim bir engel daha çıktı. Pasaportun çıkması için doğum tarihini belgeleyen bir nüfus cüzdanı gerekiyordu.

Ve benim o güne kadar nüfus cüzdanım hiç olmamıştı. Ne yapacağımı bilmez bir durumda kütüphaneye döndüm. Çok üzgündüm. Memur her zamanki sevecenliğiyle yanıma geldi:

"Ne yapmayı düşünüyorsun?"

"Bilmiyorum, ne yapacağımı bilmiyorum."

"Memleketinde senin için kimlik belgesi çıkarttıracak kimse yok mu, onlara yazsan?"

Birden aklıma çocukluğumdan itibaren bana eğitim veren misyonerler geldi. Hemen kalem ve kâğıda sarıldım, onlara durumu anlattığım bir mektup yazdım. Bir mektup da aileme yazıp postaladım.

Misyonerlerin hükümet kanalıyla çıkardığı kimlik belgemi ve pasaportumu almam için yine uzunca bir süre bekledim.

Büyük bir sevinçle vize başvurusu yaptım. Görevli gerekli belgeleri sayarken yine yıkılmıştım, çünkü Amerika vizesi için gidiş dönüş uçak bileti gerekliydi ve benim onu alacak param yoktu. Altı aydır Kampala'da çalışmama rağmen bir uçak bileti alacak kadar para biriktirememiştim.

Hedefime ulaşmak için çıktığım bu zorlu yolculukta engel tanımamaya kararlıydım. Karşıma ne kadar zorlu ve büyük bir engel çıkarsa çıksın onu aşmayı başaracaktım. Nitekim o güne kadar karşıma çıkan tüm engelleri aşmıştım ve bundan sonrakileri de aşacağıma yürekten inanıyordum.

Kahire'ye ulaşabilmem için önümde 3000 km'den fazla yol vardı. Yanımdan ayırmadığım kitaplarıma ve küçük baltama bir arkadaş daha katılmıştı: pasaportum.

Bilet parasını bulabileceğime olan inancımla yeniden yola çıktım. Para bulacağımdan o kadar emindim ki Skagit Üniversitesi'nin kapısından yalın ayak girmemek için elimdeki son parayla kendime bir çift ayakkabı satın aldım.

Babanda para yoktu, kahveye gidip herkesten istedi, kimsede yoktu. Amcalarına, dayılarına, teyzelerine... Herkese gitti, bulamadı. Köye bir cambaz geldi. Baban birkaç koyun satmak istedi, adam almadı. Babanın 'Ya Allah aşkına al, vereceğin parayı üniversitede okuyan çocuğa göndereceğim, kitap alacakmış.' diye yalvarmasını hiç unutmadım oğlum.

Annemle Babamdan Nefret Ediyorum...

"İçinizde kardeşiyle küs olan var mı, annesine öfkeli, babasına kızgın olan?"

Birkaç kişi cılız ve tedirgin bir şekilde parmaklarını yarıya kadar kaldırırken çoğunluk birbirine bakıyordu. Anladım ki 'herkesin içinde parmak kaldırsam ayıp olur mu, başkası ne der ki?' diye düşünüyorlardı.

"Annenize neden kızıyorsunuz peki?"

"Bana sürekli olarak ders çalış diyor."

"Beni başkalarıyla kıyaslıyor."

"Dersleri benden daha çok önemsiyor."

"Beni dövüyor."

"Sürekli odama girip beni kontrol ediyor."

"Başkalarının yanında yanlışlarımı söyleyip beni rezil ediyor."

"Arkadaşlarımı hiç beğenmiyor."

"Ödevlerini yaptın mı sorusundan başka bir şey sormuyor."

"Peki babanız?"

"Beni hiç parka götürmüyor?"

"Bana telefon almıyor."

"Telefonumu elimden alıyor."

"Beni, odamdaki bilgisayarı kaldırmakla tehdit ediyor."

"Arkadaşlarımın arasında bana tokat attı."

"Kahveden çıkıp eve gelmiyor."

"Bize sevgisini hiç göstermiyor. Söylesek bile 'içimden seviyorum' diyor."

Öğretmenine de kızan var mı?

"Nefret ediyorum!"

"Bize bağırmaktan başka bir şey bilmiyor."

"Geçenlerde bize sıra dayağı attı."

"Dersi hiç güzel anlatmıyor, ancak kitaptaki bilgileri deftere yazdırıyor."

"Her gün anlatım veriyor."

"Sınıfta hiç gülmüyor."

"Gücüm yetse öğretmenlerin hepsini tören alanına toplayıp sıra dayağından geçiririm."

"İnanamıyorum sana, demek bu kadar kızgınsın?"

"Evet hocam beynimde her zaman onlarla kavga ediyorum."

"Anlıyorum sizi. İnsanın kızdığı, öfke duyduğu, yanında olmak istemediği biriyle aynı ortamda bulunması çok zordur değil mi? Günde 6–7 saat aynı sınıfta bulunduğun öğretmenlerle aranda bir sevgi yoksa o sınıf insana huzur verir mi?"

"Ne huzuru hocam hapishane gibi geliyor."

"Ya ev?"

"Bunalıyorum, kendimi sürekli dışarı atmak istiyorum."

"Hımm"

"Kendimi annemle babamın yanında her an kontrol altında hissediyorum. Bende sürekli eksiklik arıyorlar."

"Öğretmenim siz bizim yaşımızdayken annenize babanıza kızıyor muydunuz?"

...

Cemil sormuştu içime bir ok gibi saplanan bu soruyu. Yaklaştım, yanındaki sandalyeye oturdum, elimi omzuna attım ve gözlerine baktım:

"Evet, ben de kızardım ama bir gün babama olan bütün kızgınlığım geçti."

"Şimdi hiç kızmıyor musunuz?"

"Hayır, kızmıyorum, hem de hiçbir zaman..."

"Peki, ne oldu hocam?"

...

Cemil'in yanından kalktım. Arka tarafta oturan anne babalara doğru yürüdüm, aralarına karıştım. Tek tek hepsinin de gözlerine baktım. Çocukları ile ilgili umutlarını anlamaya çalıştım. Öyle masum, öyle temiz bakıyorlardı ki... Bu güzel insanların evlatlarının iyi yaşamasından başka ne amacı olabilirdi ki? Belli ki hepsinin yüreği çocukları için çarpıyordu. Öyle olmasa yüksek bedeller ödeyerek onları bu seminere getirirler miydi? Onlarla beraber kendileri de oturup dinlerler miydi?

"Biliyor musunuz benim annemle babam hiçbir veli toplantısına katılmadılar."

"Neden hocam?"

"Veli toplantıları hafta sonları olurdu. Bizim köy, okuduğum ilçeye 45 km uzaklıktaydı. Arabamız olmadığı için gelemezlerdi."

Bunu söylerken gözyaşlarım yüreğimden gözlerime hücum etmiş yanaklarımdan aşağı akmak için mücadele ediyorlardı.

"Annemle babamın bir kere olsun okula gelip öğretmenlerimle tanışmasını, onlara durumumu sormasını, öğretmenlerimin yüksek notlarımı söylemesini ve onların da sevinmesini o kadar çok isterdim ki..."

"Gelmediler mi hocam?"

"Hayır." derken hıçkırıklarım boğazımda düğümlendi. "Gelemeyeceklerini bildiğim için onlar da üzülmesin diye haber bile vermezdim. Gerçi nasıl haber vereceksin ki, o zaman bizim köyde telefon bile yoktu."

Benimle birlikte bazı veliler de ağlamaya başladı. Öğrencilerden duygulananlar oldu.

"Üniversiteyi kazanıp İstanbul'a gittiğimde babama mektup yazdım:

'Babacığım burası bizim köye hiç benzemiyor. Her şey parayla, tuvalete gitmek bile paralı. Burada bir çay bile, köydekinin beş kat daha pahalı. Yakında sınavlarımız başlayacak, kitap almam lazım. Verdiğin para bitti baba, biraz para gönderir misin?'

Göndermişti babam.

Ben okulu bitirip öğretmen olduktan beş yıl sonra annem anlatmıştı:

'Oğlum sen üniversitedeyken para istediğin yıl baban çok perişan oldu.'

'Nasıl ana?'

Bizim köyde kışın para bulunmaz. Ya harmanda olur, ya da pancarda.

'Babanda para yoktu, kahveye gidip herkesten istedi, kimsede yoktu. Amcalarına, dayılarına, teyzelerine... Herkese gitti, bulamadı. Köye bir cambaz geldi. Baban birkaç koyun satmak istedi, adam almadı. Babanın 'Ya Allah aşkına al, vereceğin parayı üniversitede okuyan çocuğa göndereceğim, kitap alacakmış.' diye yalvarmasını hiç unutmadım oğlum.'

İşte babam bana adeta yalvararak sattığı o iki koyunun parasını göndermişti.

Annem bunları anlatınca babam gözümde daha bir büyümüş, dev gibi, yıkılmaz bir dağ gibi olmuştu.

'Vay be'' dedim, 'Demek beni bu şartlarda okuttu öyle mi?'

'Hee' dedi anam, 'Sen üzülme diye sana da hiç belli etmedi.'

15 tatilden sonra Adana'ya dönerken yolda hep babamı düşündüm. Lisedeyken veli toplantısına gelemeyince, üzülür diye haber vermemiştim ya, o da beni çok zor şartlarda okuttuğunu duyarsam üzülürüm diye haber vermemişti.

Bir akşam babamı sevindirecek bir haber vermek için köyü aradım. O gün ek ders ücreti almıştım. Kış günü köyde para olmuyor ya, babama göndermek için 160 lira ayırıp babamın adına yatırmak üzere postaneye gittim.

Çok kalabalık olduğu için sıra gelmedi. Ertesi gün yatırırım diye düşünmüştüm.

Telefona anam çıktı, hal hatırdan sonra babamı sordum. 'Yatsı namazına gitti, oradan da kahveye gider, hayırdır oğlum?'

'Hayır ana hayır, babama güzel bir haber vereceğim de.' 'Bana söyle.'

'Yok ana, bu babama ait bir şey. Sen babama söyleme. Ben sabah tekrar ararım.'

O akşam başımı yastığa koyduğumda bir başka mutluydum.

28 yaşındaydım, beş yıllık öğretmendim ve baba ma ilk defa param nasip olacaktı. Babamın parayı aldığını, akşam köyde kahveye gittiğini ve millette para yokken herkese çay ısmarladığını hayal ederken huzurla uyumuşum.

Telefonun sesiyle sıçrayarak uyandığımda saat sabahın beşini gösteriyordu.

Babam sürprizimi merak etti galiba, diye düşünerek açtım telefonu.

Arayan amcamın oğluydu.

'Metin.'

'Buyur Mehmet Emin, hayırdır bu saatte?'

'Çabuk gel.'

'Hayırdır ne oldu?'

'Hemen köye gel, hanımla beraber gelin.'

'Ya söylesene ne oldu?'

'Baban...'

...

"Hocam yoksa?"

"Evet Serkan. Ben de senin gibi sordum."

"Mehmet Emin yoksa..."

"Baban yarım saat önce kalpten öldü."

"Babam 52 yaşındayken ona para göndereceğim gün kalp krizinden ahirete uçtu. Allah'ın yanına davet ettiği babam itiraz etmeden gitti."

Şimdi, bazılarınızın annesi ve babası burada. Bakın sizin için gelip oturmuşlar. Sizinle ilgili umutları var. Okuyup başarılı olmanızı istiyorlar. Bunu kendileri için değil sizin için, mutluluğunuz ve hayatın güçlüklerine karşı dimdik durmanız için istiyorlar. Hangi anne baba çocuğunun iyiliğini istemez ki? Ve siz de onlara kızıyorsunuz, öfkeleniyorsunuz, hatta onlardan nefret ediyorsunuz öyle mi?

Ben aslında anne-babalarınıza ve öğretmenlerinize karşı hissettiğiniz kızgınlık ve öfke gibi duygularınızın sizin gerçek duygularınız olmadığını düşünüyorum. Yani bu olumsuz duygular kalıcı değil geçici. Güneşin önündeki kara bulutlar gibi. Güneş olduğu yerde durur, bulutlar gelip onun ışığını örter. Burada kalıcı olan bulutlar mı, güneş ışığı mı?

Bir rüzgâr gelir ve öyle bir eser ki bulutları darmadağın eder. İşgalci bulutlar gidince, kalıcı güneş ışıkları yeniden görünür ve gelip dünyamızı ısıtmaya devam eder.

"Hocam ben babama kızdığım zaman, gerçekten kızıyorum."

"Olabilir canım, bu kızgınlık onun yaptığı hoş olmayan bir davranışınadır. Babanın kendisine değildir. Mesela kızgınlık ve öfke 100 üzerinden 5 ise, sevgi 95'tir."

"Sizin geçici dediğiniz, benim kalıcı sandığım o kızgınlığı yok edebilir miyiz?"

"Evet."

"Nasıl?"

"İstiyor musun?"

"Tabi ki de."

"Deneyelim mi?"

"Olur."

"Bak çok ağlarsın Duygu."

"Ben mi? Hiç sanmam hocam."

"Tamam, göreceğiz bakalım."

Salondaki öğrenci ve aileler meraklanmışlardı. Gözleri nemli nemliydi. Bir kısmının elinde peçeteler vardı. Yüzlerine baktım. Gözlerindeki ifadeleri anlamaya çalıştım.

Hepsinin de içinde sanki uyuyan bir güzel vardı, sevgi dolu bir baraj vardı, filizlenip yeşermeyi bekleyen bir sevgi tohumu vardı.

Her şeyden önce içlerindeki uyuyan güzele dokunup uyandırmalıyım diye düşündüm. Kızgınlık ve incinmiş duyguların kapattığı sevgi barajlarının kapağını açmalıydım. Bu amaçla ömürleri boyunca hiç unutamayacakları bir uygulama yapmaya karar verdim:

"Şimdi arkana yaslan, rahat bir şekilde otur. İstersen yere de uzanabilirsin. Gözlerini yavaşça kapatabilirsin.

Sen de biliyorsun ki; annen ve baban seni çok seviyor. Belki de problem sadece sana olan sevgilerini nasıl göstereceklerini bilmemeleridir, çünkü bunu onlara gösteren olmadı ki... Evet evet, olmadı. Anne babanın sevgisi bir dağın altındaki maden gibidir çıkarılmayı bekleyen. Çıkmasa da değerlidir. Ancak çıkarılırsa daha iyi olur hiç şüphesiz. Onların adım atmasını beklemeden, sen onlara sevgi ve saygı adımı at, olur mu?

Geri Dönme İmkânın Olsaydı Ne Yapardın?

Hiç uçağa bindin mi? Şimdi, gözlerin kapalıyken bir uçağa bindiğini düşün... Evden ayrılalı uzun zaman olmuş. Şimdi eve dönüyorsun. Seni havaalanında sevdiklerin bekliyor. Çok özlediğin ve seni çok özleyen sevenlerin: Annen, baban, kardeşlerin, deden, ninen, akrabaların, arkadaşların... Onlara kavuşmana yaklaşık bir saat var. Heyecanlısın, onlara sarılacağın anı hayal ediyorsun.

Ve sen onlara kavuşmanın hayalini kurarken bir anons duydun:

"Sayın yolcular, şimdi sakin olmaya çalışın. Yaklaşık bir saatlik yolumuz ama sadece 20 dakikalık uçuşa yetecek kadar yakıtımız var. 20 dakika sonra uçak düşecek...

Bu dünyadan ayrılmamıza sadece 20 dakika var... Şimdi, hostes arkadaşlarım size birer kâğıt dağıtacak.

Geride kalan sevdiklerinize ne yazmak istiyorsanız bu kâğıtlara yazın. Biz bunları bir kutuya koyacağız. Biz sevdiklerimize kavuşamayacağız ama umuyoruz ki en azından bu kâğıtlar yazdığınız kimselere sağlam olarak ulaşır..."

Kâğıtlar dağıldı ve 18 dakikan kaldı. Bir daha hiç göremeyeceğin sevdiklerine ne yazardın?

Şimdi, bütün duygu ve düşüncelerini serbest bırakarak yazmaya başla...

15 dakikan kaldı. Hani akşam olur da eve doğru yola koyulursun ve de annen seni pencerede bekler ya... Biraz geç kalsan dayanamaz, merak etmeye başlar ya.

Şimdi de bekliyor. Sen geç kaldığında balkona çıkıyor, yola bakıyor, bahçe kapısında seni bekliyor, gelmiyorsun. Komşuların çocukları geliyor, senin okulundaki öğrenciler bir bir gelip evlerine giriyor... Sen gelmiyorsun...

Saat 20.00 oluyor. 23.00 oluyor yine gelmiyorsun.

24.00 oluyor...

Annen umutsuzca balkonun kapısını kapatıp kendisine artık zindan olan evinize giriyor. Odana gidip kitaplarına dokunuyor, elbiselerini kokluyor. Sadece bir gün değil her gün bekliyor ama sen gelmiyorsun.

Anneni öyle bırakıp gitmeye dayanabilir miydin?

10 dakikan kaldı. Neler yazardın annene, babana? Onları kırar mıydın, sesini yükselterek azarlar mıydın? Bir daha bağırır mıydın?

Karneler dağıtıldığında baban ellerinde karne olan sınıf arkadaşlarına nasıl da sarılırdı değil mi, sende yavrumun kokusu var diye? Belki de okulun önüne gider, seni bekler çıkacaksın diye. En son öğrenciye kadar bekler, ama nafile, sen gelmezsin, gelmeyeceksin... Dizlerinin bağı tutmaz olur ve baban umutsuzca oturur orada, ıssız bir köşeye. Öyle çaresiz, öyle üzgün bir halde bırakır mıydın babanı?

7 dakikan kaldı. Akşam yemeği hazır, annen her zamanki gibi senin tabağını da koyar. Kardeşin gayet masumane "Ama anne bu ablamın, bu ağabeyimin tabağıydı." der.

Lokmalar düğüm düğüm olur ve birer birer sessizce kalkarlar sofradan.

5 dakikan kaldı. Bu beş dakikanın bitiminden sonra sen yoksun. Havaalanında bekleyenler 'Uçak düştü.' haberini duyduklarında ne yaparlardı? Kesinlikle annen yığılır kalırdı oraya değil mi?

3 dakika kala kaptan pilot: "Son cümlelerinizi yazın." dedi.

Biliyor musun uçak düşüp sen ölünce biri size gelecek. Zile basacak. Yazdığın bu mektubu ailene verecek. Feryat edecekler. İnsanlar seni hasretle beklerken sadece mektubun gelmiş. Ne yazardın o mektubunda?

Baban işe gittiğinde her zaman gömleğinin cebine koyduğu mektubu ara sıra alıp okuyacak. "Canım Babacığım." Gözyaşları pıtır pıtır damlayacak mektubuna... Dayanabilir miydin?

Ya da köyde baban tarlaya gidecek. İkindiye doğru sırtını bir ağaca dayayıp oturacak. Mektubunu çıkarıp nasırlı elleriyle okşayacak. Belki de okumayacak hıçkırarak ağlamaktan...

Öylece bırakır mıydın babanı?

Tabutunun arkasından minik ellerini kaldırıp sana dua eden kardeşlerini döver miydin?

Bir dakika kala kâğıtlar toplanmaya başladı. Öperdin, okşardın değil mi o kâğıdı verirken? Belki de daha yazacak çok şeyin olduğu için vermek istemezdin...

30 saniyen kaldı. Okulunu düşün. Arkadaşların senin sırana bir demet çiçek koyuyorlar. Öğretmenin gelip kürsüye oturuyor. Hiçbir şey diyemiyor, derse başlayamıyor.

Seni bekliyorlar, gelmiyorsun. Bu sırada kapı açılıyor ve tüm arkadaşların sen geldin diye dönüp bakıyorlar. Nöbetçi öğrenci geliyor, sen gelmiyorsun. Müdür yardımcısı geliyor, sen yine gelmiyorsun.

Arkadaşların birlikte oyunlar oynadığınız, koşuşturduğunuz okul bahçesindeki o neşeli günleri hayal ediyorlar gözleri yaşlı... Şimdiden çok özlüyorlar, sen yine gelmiyorsun...

Sahi geri dönme imkânın olsaydı ne yapardın? Seni çok seven arkadaşlarını arkanda gözü yaşlı bırakır mıydın? Senin için uğraşan, didinen, çırpınan, seni yetiştirmek için ellerinden gelenin en iyisini yapmaya çalışan öğretmenlerine... İçten içe kafa tutup kızar mıydın? Evine giderken bile seni yüreğinde taşıyan, seni düşünen öğretmenlerine...

Ya dersler? Onlardan nefret eder miydin? Senin beynine girip onu daha iyi çalıştırmaktan başka niyeti olmayan matematiğe, sevdiklerine sevgini daha iyi anlatabilmen için bekleyen Türkçe dersine, seni alıp Anadolu Lisesi'ne, üniversiteye götürmekten başka bir niyeti olmayan diğer derslere kızar mıydın, onları ihmal eder miydin?

Bütün zamanını bilgisayar oyunlarına ve cep telefonuna kurban verir miydin?

20 saniyen kaldı. Annen hâlâ balkonda seni bekliyor, baban okulun önünde seni arıyor, kardeşin "Abim bugün gelecek mi?" diye soruyor, arkadaşların maç yapacak, seni bekliyor...

Son 10 saniye kaldı... 9...8...7...

Sahi, geri dönme imkânın olsaydı başka neler yapardın?

Bugüne kadar yaptıklarının aynısını mı? Yoksa hayatını yeniden gözden mi geçirirdin?

5 saniye... 4...3...2...

Ve o an son bir anons daha duydun:

"Sayın yolcular müjde! Meğer yakıt ibresi bozulmuş. Yakıtımız uçuşu tamamlayacak seviyede. Uçağımızda hiçbir sorun görünmüyor ve yaklaşık 40 dakika sonra havaalanına inmiş olacağız."

Aç gözlerini...

* * *

Salondakilerin neredeyse tamamı ağlıyor ve hıçkırıklar birbirine karışıyordu. Bazı öğrenciler başını sıra arkadaşının omzuna koyuyor, bazıları birbirlerine sarılıyordu. Ailesi salonda olmayan öğrencilerin bir kısmı başlarını masanın üzerine koymuşlardı, bazıları ise yüzünü elleriyle kapatmış bir biçimde ağlamaya devam ediyorlardı. Bir kısmı da yanındakinin gözyaşlarını silmesi için ona peçete uzatıyordu. Öyle masumlardı ki...

Bir süre hiç konuşmadan sessizce bekledim. "Ne bekliyorsunuz?" dedim, "Ölmelerini mi?"

Bu soruyu sormamla öğrencilerin ve anne-babaların yerlerinden kalkıp birbirine bakmaları bir oldu. Nasıl da koştular birbirlerine doğru. Uzun süre ayrı kaldıkları için birbirini özleyen koyun ve kuzular gibiydiler. "Anne, yavruuum, babaaa, kızıııım" diye sarılmaları, koyunlarla kuzuların meleşmelerini hatırlatıyordu bana.

Gerek anne-babaların çocuklarına karşı olan kızgınlıkları, gerekse çocukların anne-babalarına karşı içlerinde taşıdıkları öfke ve nefretleri erimeye başlamıştı. Bazıları aldıkları derin nefesini her verdiğinde biraz daha rahatlıyor gibiydi.

Yaptığım uygulamanın verdiği sıcacık sevgi ruhlarına ve yüreklerine kadar indikçe, oradaki soğuk buz parçalarını erittikçe, gözlerindeki olumsuz sis perdesi kalkıyordu.

Uzun süre ayrılamadı sarılanlar, birbirlerini bırakamadılar.

Canım benim, kıyamam senin gözyaşlarına. Bunlar senin en gerçek, en samimi, en katıksız duyguların. Bu muhteşem sevgini ailene göstermek için daha neyi bekliyorsun? Anne ya da babasını kaybedenlerin neler hissettiğini bilir misin hiç?

Sevgini göstermek için daha fazla bekleme, anlaştık mı?

Bugün eve bir başka git. Kapıdan içeri girerken burada fark ettiğin ve yoğun olarak yaşadığın bu güzel duygularını yüklen. Anneni, babanı ve kardeşini gördüğünde onların ölümünden önceki son günleri olduğunu düşünerek yaklaş onlara. Sanki yarından sonra bir daha yanında olamayacaklar gibi düşün ve iyi davran.

Sen de biliyorsun ki; anne ve baban seni çok seviyor. Belki de problem sadece sana olan sevgilerini nasıl göstereceklerini bilmemeleridir, çünkü bunu onlara gösteren olmadı ki... Evet evet, olmadı. Anne babanın sevgi si bir dağın altındaki maden gibidir çıkarılmayı bekleyen. Çıkmasa da değerlidir. Ancak çıkarılırsa daha iyi olur hiç şüphesiz. Onların adım atmasını beklemeden, sen onlara sevgi ve saygı adımı at, olur mu?

"Hocam bir ara daha yapalım mı, millet darmadağın oldu."

"Tamam, şimdi çıkıp dolaşın, çay kahve için, nefes alın, iyice sarılın birbirinize. Belki bazılarınız anne-babasını aramak ya da onlara mesaj atmak ister..."

Babam, 'Bu gidişle telefonu elinden alacağım.' der ve ardından ekler: 'Deneme sınavı sonucun düşük gelsin, interneti kapatıp bilgisayara şifre koyacağım.' Aradan çok zaman geçmeden 'Anlamıyor musun yavrum, duvara söyleseydim şimdiye anlardı. Kalk git odana, gözüm görmesin seni.' diye bir kükreme duyulur.

Başarılı Olmak İçin Çok Çalışmak Şart mı?

"Hocam!"

"Buyur Neslihan."

"Cevabını merak ettiğim bir soruyu size yeniden sormak istiyorum."

"Seni dinliyorum canım."

"Başarılı olmak için çok çalışmamıza gerek var mı? Hedefimize ulaşmanın çok çalışmaktan başka bir yolu yok mu, illa ki zorluk yaşamak, sıkıntı çekmek ve derslerin başında sabahlamak mı gerekiyor?"

"Sen başarılı olmayı istiyor musun?"

"Tabii ki istiyorum hocam, yoksa burada işim ne?" "Sence nasıl bir çalışma sistemi olsaydı severek çalışırdın?"

"Mesela eğlenceli, komik, sıra dışı, ilginç, zevkli, heyecanlı, meraklandırıcı olsaydı ben çok daha istekli çalışırdım."

"Arkadaşlar Neslihan'ın istediği gibi bir sistem olsaydı sizce neler olurdu?"

"Kimse okuldan kaçmazdı."

"Derslerden sıkılmazdım."

"Az çalışıp çok başarılı olurdum."

"Eğlenceli ve komik anlatılan konuları öğrendikten sonra hiç unutmazdım."

"Her gün okula koşa koşa gelirdim."

"Öğrenmeye doyamazdım, tıpkı zevkli oyunlara doyamadığım gibi."

"Hiçbir sınavdan korkmazdım."

"Ders kitapları Neslihan arkadaşımızın dediği gibi yazılsaydı, onları elimden bırakamazdım. Sevdiğim romanları ve hikâyeleri elimden bırakamıyorum zaten."

"O zaman öğretmenlerden hiç korkmazdım."

"Ders yüzünden annemle ve babamla tartışmak zorunda kalmazdım."

"Başarılarıma başarı katardım."

* * *

Öğrenciler konuştukça ben yapacağım seminerin bundan sonraki bölümünü şekillendirmeye başlamıştım bile. Bir insana kendi tarzımızı dayatmak yerine, onun tarzını öğrenip ona göre yaklaşmak iletişimi çok kolaylaştırırdı.

Söyledikleri her cümlede onların beklentilerini yakalayıp, nasıl iletişim kuracağımın ipuçlarını buluyordum. Deyim yerindeyse onların beynine, yüreğine ve ruhuna ulaşacak adresi öğreniyor ve beni oraya kısa yoldan götürecek haritayı elime alıyordum.

"Başarılı olmak için çok çalışmak elbette ki önemli. Ancak bundan daha önemli bir şey var; Nasıl çalışacağını bilmek. Çok çalışanlar değil, nasıl çalışacağını bilenler daha başarılı olurlar."

"Kimse bize nasıl çalışacağımızı göstermiyor ki, en çok duyduğumuz söz çalış, çalış, çalış... Başarılı olmak istiyorsan daha çok çalış."

Nasıl çalışacağını, dersleri nasıl kolayca öğreneceğini ve nasıl hatırlayacağını bilmeyen insanlar başarının çok çalışarak elde edileceğini zannedebilirler.

Şimdi 30 katlı bir bina düşün. Bu binanın en üst katına çıkmak için merdiveni kullanırsan ne kadar zaman harcarsın? 10 dakika. Peki, sonuçta ne olur? Çok yorulursun, bitkinleşirsin, nefes nefese kalırsın.

Peki, en üst kata asansörle çıkarsan ne kadar zaman harcarsın? Bir dakika. Evet evet, sadece bir dakika. Sonuçta ne olur? Hiç yorulmazsın, boşa vakit harcamazsın.

İşte ders çalışmak da böyledir. Eski yöntemlerle, modası geçmiş anlayışlarla ders çalışırsan sıkılırsın, okuduğunu anlamayabilirsin, öğrendiğini hatırlamakta zorluk yaşayabilirsin. Bunun yerine modern yöntemleri kullanırsan ne olur? Nasıl öğreneceğini, nasıl hatırlayacağını, beynini nasıl kullanacağını öğrenirsin her şeyden önce, yani öğrenmeyi öğrenirsin. Dersleri zevkli, eğlenceli ve ilginç bir biçimde beynine yerleştirip hiç unutmayabilirsin."

"Öğrenmeyi nasıl öğreneceğiz hocam?"

"Ben burada beynimizin çalışma biçimini anlatacağım. Beynimizin her iki bölümünün özelliklerini, nasıl çalıştığını göstereceğim. Yürürken sadece sağ bacağını kullanan birini düşün, ya da sol bacağının kullanan birini... Ne kadar zorlanır değil mi? Yavaş ilerler, geride kalır ve yorulur. Her iki bacağını birden kullanan biri o kadar da yorulmaz, hızlı gider, hatta koşar."

"Hocam beynimizin her iki tarafını kullanmayı ne zaman öğreneceğiz?"

"Merak mı ettin?"

"Valla bu soruyu soracağınızı biliyordum, yine de sordum işte."

"Merak her zaman iyidir, merak etmeye devam edin."

"Hocam?"

"Buyur Merve."

"Ben, beynimizin nasıl çalıştığını hiç merak etmiyorum. Lütfen merak etmediğim bu konuyu anlatır mısınız?"

"Vaaavvv. Bu harikaydı işte."

"Hocam, çocuklarımıza beynin her iki tarafını kullanmayı öğrettiğinizde biz onlara artık 'Kalkın, ders çalışın!' demeyecek miyiz?"

"Diyeceksiniz Sultan Hanım, eskiden 100 defa diyorsanız, bundan sonra sadece bir defa diyeceksiniz."

"Bu mümkün mü hocam?"

"Bir uçak kaç kişiyi uçurur?"

"150–500 arası."

"Doğru, daha fazlasını uçuran da var. Geçenlerde 800 kişilik uçak gördüm. Pilot uçağı uçurmak için ne yapar? Gelir önce uçağa 'Uç!' der. Uçmayınca önce sesini yükseltir, sonra 'Uçsana geri zekâlı makine!' diye bağırır ve en sonunda da tekme atar değil mi?"

"Ha ha ha ha..."

"Hayır diyecektin, kekeledin galiba."

"Ha ha ha ha..."

"Pilot önce uçuş eğitimi alır, uçağı tanır, pilot kabinindeki düğmelerin, kolların, âletlerin ne işe yaradığını öğrenir. Sonra gelip pilot köşküne oturur, doğru düğmelere basar ve kolu indirip uçağı uçurur, öyle değil mi?"

"Evet hocam."

"Peki, uçak havalandıktan sonra pilot ne yapar? Uçağı otomatik pilota alır ve keyfine bakar, hiç yorulmadan uçağı uçurmaya devam eder. Düşünsene kaç yüz tonluk uçağı üç-beş düğmeyle uçurabiliyorsun.

Gelelim anne-baba ve öğretmenlere. Şimdi sen bir uçaksın, annen-baban da pilot. Evde neler olur? Ailen ve öğretmenlerin seni iyi bir liseye ya da üniversiteye uçurmak için neler yapıyorlar?"

"Hocam bizim evde önce gülümseyerek bir 'çalış' sesi gelir."

"Harika."

"Bende bir kıpırdama yoksa ardından gülümsüyormuş gibi bir pozla yani zoraki bir sırıtmayla birlikte 'çalışmaya başlasana' komutu gelir."

"Güzel."

"Bende hâlâ bir hareket yoksa sinirler gerilmeye başlamış olarak 'Vakit geçiyor yavrum, çalışmaya ne zaman başlayacaksın?' sorusu kulağıma saplanır."

"Çok güzel."

"Ağırdan alıyorsam annemin göğsü hızlı hızlı inip kalkmaya başlar ve öfkeli bir sesle 'Beni sinir etmeden ödevini bitirsen olmaz mı?' sorusu kulağıma tokat gibi çarpar."

"Müthişsin yaa."

"Annemin savaşı kaybetmeye başladığını fark eden babam benden yanaymış gibi görünüp 'Annen senin iyiliğin için söylüyor yavrum.' diye mücadeleye yumuşak bir giriş yapar."

"Ha ha ha..."

"Ben var gücümle onlara direnmeye çalışırken babam kontrolünü kaybetmeye başlar ve 'Kalk o bilgisayarın başından!' diye ilk emrini verir. Ben onları rahatlatmak için 'Tamam baba bir dakika.' derim. Bu sözüm onları ancak birkaç dakika daha zapt eder ve ardından 'Bıktım ya şu çocuğa sürekli olarak ders çalış demekten, bıktım.' sesi yükselir çaresizce."

"Eeee?"

"Babam, 'Bu gidişle telefonu elinden alacağım.' der ve ardından ekler: 'Deneme sınavı sonucun düşük gelsin, interneti kapatıp bilgisayara şifre koyacağım.' Aradan çok zaman geçmeden 'Anlamıyor musun yavrum, duvara söyleseydim şimdiye anlardı. Kalk git odana, gözüm görmesin seni.' diye bir kükreme duyulur."

"Ondan sonra da 'çalış' tekmesi mi?"

"Evet tekme ve tokat da gelmişti bir kere."

"Sonuç?"

"Kalkarım ve odama giderim."

"Çalışmak için mi?"

"Hayır, bazen gizlediğim gözyaşlarımı silmek, bazen 'Allah'ım canımı al da öleyim.' diye dua etmek, bazen uyumak için. En çok da çalışıyormuş gibi görüneyim diye kitabı elime almak için. Annemle babamın çalışayım diye beni sıkıştırdığı kitaplara nefretle bakıyorum ve elime alsam bile anlamıyorum ki orada yazanları."

"Ne güzel anlattın, çok teşekkür ediyorum."

"Bir öğrencinin evinde neler yaşadığını kendi ağzından dinlemekten daha etkili bir bilgi kaynağı olabilir mi?"

Oku baba, her gün yüzlerce yeni kitap çıkıyor, onları okuyup kendini tazele, güncelle. Bak eğitimlerde kullandığın bilgisayar ne kadar yeni değil mi? Buna rağmen ikide bir yeni güncellemeler var diye mailler geliyor. Arabalar bile 20 yılını doldurunca trafikten men ediliyorlar. Baba yollar bile eskimiş arabayı kabul etmiyorken biz demode olmuş, hurdaya çıkmış bir babayı ya da anneyi nasıl kabul edelim?

Senin Son Kullanma Tarihin Kaç Baba?

"Peki hocam anne-baba olarak bizim yaşadıklarımız?" "Anlıyorum Sultan Hanım. Diyelim ki havaalanında bir uçak var ve uçurulmayı bekliyor. Uçuş eğitimi almamış, uçağı tanımayan, onu nasıl havalandıracağını bilmeyen biri gelse ne yapabilir? Uçak uçmaz ve öylece durur. Şimdi burada kabahat uçağın mı? Elbette ki değil, çünkü uçak uçacak donanımda üretilmiştir. Kendisine bindiği zaman uçurabilecek bir pilotu beklemektedir.

Diyelim ki evde çocuğun ders çalışmıyor, sorumluluk almıyor, sınavlarına hazırlanmıyor. Burada kabahat o çocuğun mu? Elbette ki hayır. Allah Kuran'da diyor ki; "Ben insanı mükemmel bir şekilde yarattım." Biz bunu hiçe sayarak evladımıza geri zekâlı, aptal, tembel muamelesi yaparız. Hâlbuki o süper beyin kendisini harekete geçirecek bir beyin ustası, o muhteşem yürek kendisine dokunacak bir duygu eğitmeni, o yüksek cevher kendisini keşfedip ortaya çıkaracak bir kâşif beklemekte.

Çocuk hiçbir eğitim görmeden yürümeyi, hiçbir kursa gitmeden konuşmayı öğrenir. Sonra beden eğitimi dersinde yürümeyi öğretmeye kalkarız, yanlış adım atıp durur, yabancı dil öğretmek için ilkokuldan üniversite son sınıfa kadar ders veririz, adını söylemekten başka bir şey bilmez, bir yabancıyla karşılaştığında iki cümle kuramaz. İyi de bizim salak diye sınıfta bıraktığımız bu çocuk 3 yaşına gelinceye kadar kendi anadilini çok akıcı konuşmayı öğrenmemiş miydi? Hem de hiç kursa gitmeden...

Çocuklar kendilerine bağırılarak, yüksek sesle söylenenleri anlamazlar, hatta dinlemek bile istemezler. Gözlerine bakıp gülümseyerek fısıltı halinde yürekten söylenenleri daha iyi duyar, dinler, anlar ve ona göre hareket ederler.

Şunu da söyleyeyim, çocuklar nasıl yapılacağını bildikleri şeyleri daha iyi yaparlar. En çok da merak ettiklerini çabuk öğrenirler. Ne yapmaları gerektiğini bilseler bile nasıl yapacaklarını bilmedikleri bir şeyi yapmak istemezler, ondan sıkılıp uzak durmaya çalışırlar."

"Hocam anlattıklarınızdan şunu anladım: çocuklarımızın kafasında, yeteneklerinde, zekâlarında bir sorun yok. Bizim onlarla iletişim kurup onları harekete geçirmemizde bir yetersizlik var, yani çocukları anlama, eğitme, yönlendirme ve yetiştirme konularında gerekli eğitimleri alırsak birçok sorun düzelir. Doğru mu anlamışım?"

"Tek tük de olsa öğrenme güçlüğü, odaklanma eksikliği ve özgüven düşüklüğü yaşayan çocuklar olabilir. Çocukların tamamına yakınında bir sorun olmaz. Bazen eğitim adı altındaki gereksiz ve anlamsız uygulamalarla biz onları köreltiriz, bazen de anne-baba olarak onların gerisinde kalır, onlara yetmez ve ulaşamayız. Aynı evde yaşarız ancak aynı duyguları yakalayamaz ve aynı dilde buluşamayız.

İşte bu noktada yapacağım şey çocuklardan önce kendimizi gözden geçirmek, kendi sorunlarımızı, karmaşalarımızı, çelişkilerimizi fark etmek ve aynaya bakıp kendimiz le yüzleşmek. Aynaya baktığımızda saçımız bozulmuşsa tararız, omzumuzda bir leke oluşmuşsa sileriz, üstümüze bir çöp gelmişse alırız. Aynı şeyi duygu, düşünce ve davranışlarımız için de yapabilmeliyiz diye düşünüyorum.

Bazen kişiliğimize bulaşan virüsleri çocuklarımıza bulaştırmayı terbiye zannediyoruz, küçükken bizde oluşturulan korkuları çocuklara aktarmayı tedbir zannediyoruz, yaşanmamışlıklarımızı çocuklardan esirgemeyi koruma zannediyoruz, içimizdeki kördüğümlerle yavrularımıza yaklaşmayı ilgilenme zannediyoruz.

Biz küçükken beynimize takılan kasetleri gençlerimize söylemediğimiz ne malum, biz minicikken içimize doldurulan çöpleri evlatlarımıza nimet diye sunmadığımız ne malum, biz ilkokula giderken bindiğimiz at arabalarının tekerleklerini, gençlerimizin bindiği son model arabalara takmak için baskı yapmadığımız ne malum?

Elektriğin olmadığı bir zamanda bize mükemmel bir icat gibi gelen ve bizim karanlık gecelerimizi aydınlatan gaz lambaları, evimizi ışıl ışıl yapan avizelerin yanında öyle sönük kalıyor ki.

Peki, hayata bakışımızın, konuşmalarımızın, kelimelerimizin, donanımımızın, bilgi dağarcığımızın ve nimet zannedip çocuklara verdiklerimizin sönük kalmadığı ne malum?

Seçeneklerin arttığı, yolların çoğaldığı, araçların çeşitlendiği bir zamanda tek seçenekli kalmak çocuklardan önce bizi bunaltmıyor mu?

Istırabınızı anlıyorum Sultan Hanım, dedim ya ben de evliyim ve benim de çocuklarım var.

Benim kızım bir gün ne dedi biliyor musun?"

"Ne dedi hocam?"

"Sen bizimle konuşurken yeterli olduğuna inanıyor musun baba?"

"Anlamadım yavrum?"

"Bize baba olmaya lâyık mısın?"

Eşim birden bire kızıma tepki gösterdi:

"O ne biçim söz yavrum, ağır olmadı mı, biraz ileri gitmiyor musun?"

"Hayır anne, ailece hepimizin birbirimize layık ve yeterli olması gerekir. Biri eksik olursa aile düzeni aksar."

"Ablama katılıyorum anne," diye ablasına destek geldi oğlumdan.

"Babacığım bizi geliştirirken kendini güncellemeyi de unutma. Geçenlerde bir söz okumuştum. Diyordu ki, 'Dünkü güneşle bugünkü çamaşırlar kurutulmaz.' Yıllar öncesinde kalmış eski babalarla yeni çocuk yetiştirilmez. Demode olmuş bakış açılarıyla vizyon sahibi, ufku geniş gençler yetiştirilebilir mi?"

"Ne öneriyorsun yavrum?"

"Önce kendini bize hazırla, yani bize layık bir baba olmayı hak et, sonra karşımıza çıkıp bizimle konuş."

"Bunu nasıl yapabilirim sence?"

"Oku baba, her gün yüzlerce yeni kitap çıkıyor, onları okuyup kendini tazele, güncelle. Bak eğitimlerde kullandığın bilgisayar ne kadar yeni değil mi? Buna rağmen ikide bir yeni güncellemeler var diye mailler geliyor. Arabalar bile 20 yılını doldurunca trafikten men ediliyorlar. Baba yollar bile eskimiş arabayı kabul etmiyorken biz demode olmuş, hurdaya çıkmış bir babayı ya da anneyi nasıl kabul edelim?"

"Konuşmalarıma tanık olan bir arkadaşım bana dönüp, 'helal olsun sana ne kadar harika evlatlar yetiştirmişsin.' dedi."

"Harika mı, görmüyor musun beni beğenmiyorlar..."
"İşte güçlü terbiye de bu değil mi? Bak sana körü körüne itaat etmiyorlar, çok bilinçli ve akıllılar maşallah, hatta seni geçtiklerini bile söyleyebilirim."

"Tatlı kızımın arada böyle çıkışları ve diklenmeleri oluyor. Doğrusunu istersen bu çok da hoşuma gidiyor, çünkü yavrularımın fikri hür, vicdanı hür ve irfanı hür birer insan olarak yetiştiklerini görüyorum. Bir de kendi çocukluğumu düşünüyorum: Bazı anlamsız geleneklerin altında kalıp inim inim inleyen çocukluğumu... Terbiyeye hiç benzemeyen içi boş bir terbiye kavramıyla susturulan, baş eğdirilen, yok sayılan çocukluğumu...

Saygı diye yanlışa itiraz edemeyen, söylenmesi gerekenle söylenemeyenin arasında sıkışıp kalmış çocukluğumu...

Kimsenin düşünmediği bir şey söyleyince hemen üzerine çullanılan, ağzı kapatılan ve büyüklerin rengine boyanmak zorunda kalan çocukluğumu...

Sıra dışı davranışlardan dolay 'icat çıkartma' diye azarlanan, sönükleştirilen, silikleştirilen ve sıradanlaştırılan çocukluğumu..."

Kaliteli bir tohumken kendi renginde açabileceği toprağı bulamayan çocukluğumu...

Cıvıl cıvıl oynayıp kıpır kıpır koşacağım zamanlarda büyüklerin ürküntü veren sert bakışları karşısında korkudan bakışlarını yerden kaldıramayan çocukluğumu...

Benim neslimin çocukluğunu...

İçim yandı. Ruhumun taa derinliklerinden gelen ve sadece yüreğimin fark ettiği bir inilti duydum. Belki bir gün çocukluğumun iniltilerini herkesin duyabileceği bir sesle anlatabilirim sana."

Biliyor musun ben tarih dersinde saraylarda yaşanan bütün entrikaların neler olduğunu anladım. Hürrem Sultanı, Safiye Sultanı, Hatice Sultanı, valide Sultanı ve Kösem Sultanı tanıdım ama evlendiğimde eşim sultanı hiç tanıyamadığımı anladım. Devletlerarasındaki savaşların nasıl çözüldüğünü anladım ama anamla hanım arasındaki gelin-kaynana savaşını bir türlü durduramadım. Dünyaya barış getirebilen ben evime barışı getiremedim.

Beynin Pin Kodları...

İnsan beyni iki bölümden oluşur. Beynimizin bir sağ bölümü vardır bir de sol bölümü. Sağ bölümünün özellikleriyle sol bölümünün özellikleri farklıdır.

Şimdi ben bunları anlatırken kendini daha iyi anlayacaksın. Annenin, babanın, çocuğunun, öğretmenin, öğrencinin, arkadaşının beyin yapısını yakından tanıyacaksın. Birazdan 'Aaa bu bende var, bu da var, bu yok.' demeye başlarsın.

Beynin solu başarı odaklıdır. Mantıklı çalışır, çok tertipli ve düzenlidir, matematiksel düşünür, duyguları ikinci plana atar, somut bilgiyi önemser, bilimsel sonuçlara bakar. Çok ayrıntılı düşünür. Düşünürken görseldir, sistem li çalışır, plan ve program yapmayı çok sever. Monotondur yani, tekdüze çalışır. Sıra dışılığı sevmez, farklılıklardan hoşlanmaz. Bilinçlidir, bilinçaltında neler olup bittiğiyle pek ilgilenmez. Düzenli olmayı çok sever. Disipline bayılır, disiplinli çalıştığı zaman verimlidir. Başarı ön plandadır. Hedef belirleyip ana odaklanır.

Beynin sağı duygusaldır, hayal kurmayı çok sever. Tekdüzelikten hoşlanmaz, yaratıcılığı, icatçılığı ve sıra dışılı ğı çok sever. Duygu odaklıdır, müzikle çalışmaktan hoşlanır. Kuralları sevmez, kurallara uymaktan sıkılır. Tertipli olmak önemli değildir, düzensizlikten rahatsız olmaz. Plan ve programa bağlı kalmak istemez. Düz bir yolda giderken ikide bir yoldan çıkar. Disiplinden çok sıkılır. Sürekli olarak yeni bir şeyler üretmek ve icat çıkartmak ister. Duygularla hareket eder, hayal kurarak daha iyi odaklanır. Çalışırken içinde bulunduğu zamana odaklıdır, geleceğe dair sistemli planlar yapmakta zorlanır. Hedef belirleme sıkıntısı yaşar.

Şimdi biraz dur ve düşün: Sen beyninin hangi tarafını ağırlıklı olarak kullanıyorsun?

"Hocam beynimizin illaki tek tarafını mı kullanmamız gerekiyor? Mesela her iki tarafını kullansak ne olur?"

"İşte bu sorunun cevabı bu seminerin belkemiğini oluşturuyor Duygu."

"Hocam beynin hiçbir tarafını kullanmayan insanlar da var mıdır?"

"Ben Duygu'dan şüpheleniyordum ama az önceki soruyu sorunca onda da birazcık zekâ olabileceğini anladım."

"Birazcık mı? Ya hocam yine başlıyorsunuz."

"Az mı, çok mu, yoksa birazcık mı olduğunu hep beraber göreceğiz canım."

"Hocam görürsünüz siz."

"Tabi tabi gördük, karneni ve deneme sınavlarında aldığın puanları."

"Onlar sizi tanımadan önceydi."

"Beni tanıyınca ne olacak ki?"

"Üniversiteyi kazanacağım."

"Sen mi?"

"Kazandı belgesini çerçeveletip size getireceğim, ofisinizin duvarına asarsınız belki?"

Sekiz yıl dershaneye gidip barajı ancak geçebilen Duygu'nun damarına basmıştım nihayet. İçindeki güzelin ayak sesleri olmasa da uyandıktan sonraki esneme sesleri gelmeye başlamıştı. Yıllarca içindeki cevherden habersiz yaşayan Duygu'nun uyanıp esnemesi bile hayatında gerçekleştirebileceği devrimin başlangıcıydı.

"Sen o belgeyi getir, dile benden ne dilersen."

"Son model bir bilgisayar isterim."

"Ya getirmezsen?"

"O zaman siz dileyin benden ne dilerseniz."

"Tamam, ben mütevazı bir insanım. Üç tane takım elbise istiyorum."

"Anlaştık."

"Arkadaşlar şahitsiniz değil mi?"

"Eveeeet"

"Hocam."

"Efendim Gönül"

"Süreyi ne kadar aştığımızın farkında mısınız?"

"Hayır değilim. Ne olmuş aştıysak?"

"Öğrencilerin dinleme kapasitelerini aşabiliriz, dikkatleri dağılabilir."

"Dikkatleri mi dağılabilir, Allah Allah. Ben de diyordum ki bizim modern psikoloğumuz nerede?

"Buradaydım hocam, pür dikkat sizi dinliyordum."

"Dikkatin dağılmadı mı yani?"

"Hayır, hiç dağılmadı."

"Hani dağılırdı, bak dağılmamış."

"Hocam aramızda küçük arkadaşlarımız da var. Onların dikkati azalabilir."

"Soralım o zaman: Arkadaşlar sıkıldınız mı?"

"Haayıııııır."

"Gördün mü Gönül, demek ki 'çağdaş eğitim kuramları...' ya da 'günümüz modern psikoloji laboratuvarlarında yapılan araştırmaların sonucunda...' diye başlayan sosyetik açıklamalar her yerde geçerli değilmiş."

"Ama bizim üniversitedeki hocalarımız..."

"Sana birçok kuram ezberleten o hocaların bazıları var ya, bak dikkatini çekiyorum, hepsi değil de bazıları, belki de hiç devlet okuluna gidip ders anlatmamışlardır, ya da öğretmenlerin neler yaşadığını bilmiyorlardır."

"Hocam siz bilime karşı mısınız?"

"Öyle mi görünüyorum?"

"Ne bileyim beğenmiyorsunuz galiba."

"Bilime aşığım Gönül, hem bilgiye açım, hem de ona aşığım. Ancak kaç yüzyıl öncesinden kalan belki de hayatta karşımıza hiç çıkmayacak bilgileri üniversite öğrencilerine ezberlettiren anlayışlara karşıyım. "

"Hocam salonda iki profesör, bir de yardımcı doçent olan hocamız var."

"Ne yani hocalarımıza yaranmak için onları pohpohlayacak şekilde konuşmamı mı bekliyorsun?"

"Hayır, da..."

"Ne da'sı. Kariyer yapacağım diye kafasını kitaplardan hiç kaldırmamış, çevresinde ne olup bittiğini anlamamış, öğrendiği bilgilerin hayatta karşılığı olup olmadığını fark etmemiş, öğrettiklerinin günümüz insanına hitap edip etmediğini ya da uygulanıp uygulanamayacağını bilmeyen bir insanın öğretmenliğin nasıl yapılacağına dair anlattıklarına tam olarak güveneyim mi bilmiyorum."

"Hocam bu konuda biraz dertlisiniz galiba."

"Evet Gönül dertliyim, ya da dertli miyim, üzgün müyüm bilmiyorum. Bazen bakanlıkların düzenlediği seminer çalışmalarına gidiyorum. Orada profesörler de oluyor. Salonun arka tarafına geçip gözlem yapıyorum ve gördüklerime üzülüyorum."

"Neden?"

"Salonda 200–300 kişi oluyor, hocamız karşısında akademik bir topluluk varmış gibi öyle akademik kavramlar kullanıyor ki, bazen salondakilerin yüzde yetmişi uyukluyor. Çay-kahve arasından sonra katılımcı sayısı neredeyse yarıya iniyor. Hem o hocamıza yazık, hem de katılımcılara yazık. Semineri düzenleyenler de iyi bir iş yaptıklarını zannediyorlar."

"Hocam bu ilginç bir durum değil mi?"

"Bence de ilginç ve bunları anlatmaya da çok kimse cesaret edemez. Numaradan yaşamaya devam ediyoruz işte. Sana ilginç olduğunu düşündüğüm bir şey söyleyeyim mi Gönül?"

"Lütfen hocam, buyurun."

"Benim üniversitede öğrendiğim bilgilerin çoğu hayatta karşıma çıkmadı, hayatta karşılaştığım sorunları çözecek bilgiler de üniversitede bana anlatılmadı."

"İlginç."

"Evet canım çok ilginç. Tarihteki Kadeş Antlaşması'nı su gibi ezberledim ama kardeşimle anlaşamadıktan sonra ne yapayım o bilgileri?"

"Haklısınız."

"Biliyor musun ben tarih dersinde saraylarda yaşanan bütün entrikaların neler olduğunu anladım. Hürrem Sultanı, Safiye Sultanı, Hatice Sultanı, Valide Sultanı ve Kösem Sultanı tanıdım ama evlendiğimde eşim sultanı hiç tanıyamadığımı anladım. Devletlerarasındaki savaşların nasıl çözüldüğünü anladım ama anamla hanım arasındaki gelin-kaynana savaşını bir türlü durduramadım. Dünyaya barış getirebilen ben evime barışı getiremedim."

"Hocam çok komiksiniz, bakın salondaki veliler gülmekten ölüyorlar."

"Gönül aynı şeyi onlar da yaşıyordur ondan. Benden dertli olanları bile vardır. Baksana şu köşedeki karı-kocalar birbirine bakıp dirsekle dürtüp göz atıyorlar. Belli ki onlar da dertli."

"Hocam bu seminerde gelin-kaynana tartışmalarını durdurabilecek teknikleri de anlatacak mısınız?"

"Vay Erkan Hocam, sabahtan beri sesin çıkmıyordu, gelin-kaynana lafını duyunca sesin yükseldi. Sen de benim gibi dertlisin galiba?"

"Hocam hangi evde yaşanmıyor ki böyle şeyler?"

"Bizim evde yaşanmıyor."

"Duygu!"

"Evet hocam, bizim evde gelin-kaynana tartışmasının yaşandığını hiç görmedim. Annem bu konuda babamı hiç üzmedi, kaynanasına hiç saygısızlık yapmadı."

"Şaka yapıyorsun değil mi?"

"Hayır hocam çok ciddiyim."

"Baban çok şanslıymış. Peki, annen bunu nasıl başar-

"Annemin kaynanası yok."

"Anlamadım?"

"Onlar evlenmeden önce babaannem ölmüş."

Ben şaşkın şaşkın bakarken salon kahkahadan yıkılıyordu.

"Yaa hocam intikamımı aldım. Hep siz mi bana takılacaksınız."

"Harikasın Duygu, sende zekâ varmış..."

"Daha neler göreceksiniz hocam neler."

"Teşekkür ederim canım, çok güldürdün bizi. Bende günün tüm yorgunluğu gitti."

Duygu salondakilerin alkışları arasında yerine otururken pek mutlu gülümsüyordu.

"Erkan Bey!"

"Buyurun hocam."

"Duygu sizdeki problemin çözüm yolunu gösterdi."

"Neymiş hocam anlayamadım."

"Bekleyeceksin."

"Neyi?"

"Ya annenin, ya da eşinin ölmesini... O zaman kurtuluşa ereceksin."

"Aman hocam ne onlardan biri ölsün, ne de ben böyle bir kurtuluş yolu istiyorum."

"Adama bak yaa, bir de ciddi ciddi cevap veriyor."

Yine gülüştük.

"Hocam bitirelim mi?"

"Tamam Gönül bitirelim. Yaa sen iyi ki varsın. Ben, her yaptığımı alkışlayan, iki de bir süpersiniz, sizden iyisi yok diyen, hatalarımı görmeyen, görse de söylemeyen asistan ve eğitmenleri sevmiyorum. Böyle dik durman hoşuma gidiyor."

"Siz demiştiniz ya hocam."

"Ne demiştim?"

"Öldürürken keyif veren tek zehir iltifattır."

"Evet."

"Biz sizin azıcık başarıların ve alkışların verdiği mutluluğa kapılıp rahatlık tuzağına düşmenizi istemiyoruz."

"Aferin sana, hep böyle devam et."

"Hocam tam da beynin çalışma sistemine gelmiştik, söz nereden nereye geldi."

"Yarın devam ederiz Sultan Hanım."

"Valla merakla bekleyeceğim."

"Sana bu konuda çok güzel bir kitap önerebilir miyim?"

"Tabii ki hocam, sevinirim."

"Kitabın adı **Öğrenme Stilleri**, yazarı **Alp Boydak**, **Beyaz Yayınları**'ndan çıkmış."

"Hemen alıp okuyacağım."

"Bu kitap sana, önceki derste konuştuğumuz beyin pilotu olmayı anlatacak. Yani çocuklara sürekli ders çalış demek zorunda kalmayacaksın. Bu kitabı hem anne-baba, hem öğretmen, hem de öğrencilere öneriyorum. Okuyanlardan da çok teşekkür alıyorum. Kitabı Alp Boydak yazmış, teşekkür bana geliyor, ilginç değil mi?"

“BİR İNSANA YAPILACAK EN BÜYÜK
KÖTÜLÜK NE BİLİYOR MUSUN?”

“NE?”

“ÖNCE ÇOK GÜZEL HAYALLER KURDURUP
SONRA ONU HAYAL KIRIKLIĞINA UĞRATMAK.”

Sana Bir Süprizim Var...

"Eveet güzel arkadaşlarım, şimdi bugün öğrendiklerimizi bir toparlayalım. Yaklaşık beş saattir burada oturuyorsunuz. Zihniniz hep açık olsa da bedeniniz biraz yorulmuştur. Gösterdiğiniz ilgiye, dikkate, saygıya ve katılıma çok teşekkür ederim. Eğitimin ne kadar zevkli, eğlenceli, akıcı, keyifli ve mutluluk verici olduğunu bir kere daha yaşamama katkı sağladınız. Bugünle ilgili paylaşmak, anlatmak ya da sormak istedikleriniz varsa buyurun lütfen."

"Hocam ben bu seminer boyunca neler olacağını merak ediyorum. Burada neler öğreneceğiz, bizi aydınlatır mısınız lütfen?"

"Tabii ki. Bu seminerin adı, "Derslere Nasıl Âşık Olabilirim?" Çalışmamız beş hafta sonu, yani 10 gün sürecek ve bugün ilk günüydü. İlk gün gelip misafirim oldun. Şu geçen 5 saatte baklavanın tadına baktın. Şimdiye kadar dinlediklerin, yaşadıkların, gördüklerin ve ekibimiz hoşuna gittiyse çıkışta kaydını yaptırabilirsin. Daha önce kayıt olanlar eğitimden hoşlanmamışsa ödedikleri ücreti alıp gidebilirler. Bunu neden yapıyoruz, çünkü hiç kimse sevmediği, hoşlanmadığı, olumlu elektrik almadığı bir ortamda eğitim görmek istemez.

Seminerin içeriğinde neler var, burada neler öğreneceksin ve bittiği zaman sana ne gibi katkısı olacak? Bunu öğrenmek istiyorsun öyle mi?"

"Evet, aynen öyle."

"Haklısın, lokantaya gittiğinde önce menüyü incelersin ya da yemeklere bakıp siparişinizi öyle verirsin. Bugünü anlatmama gerek yok, yaşadın zaten. Diğer günler neler olacak, her günü birer cümleyle söyleyeyim:

Hani 20 kelimeyi sırayla, hiç atlamadan saydın ya, işte seminerin sonunda 1000 kelimeyi sayabileceksin."

"1000 kelimeyi mi, bir seferde yani, gerçekten mi, inanamıyorum!"

"Sadece 20 kelimeyi değil, 20–30 cümleyi de aklında tutabileceksin. Tarihteki bütün antlaşma maddeleri ni bir defada okuyup şaşırmadan sayabileceksin. Türkiye'nin dağlarını, ovalarını, akarsularını, göllerini, hangi bölgede hangi ürünün yetiştiğini öğrenip, hiç unutmayabileceksin."

"Hocam şaka yapıyorsunuz değil mi?"

"Sadece kelimeleri ve cümleleri değil, mesela 15–20 sayfalık bir yazıyı çok kolay öğrenip, kolay kolay unutmayacaksın."

"Hocam söylediklerinize inanmak benim için çok zor, hatta imkânsız."

"Neden?"

"Benim evladım on bir yıldır okula gidiyor aklında bir şey kalmıyor da burada sadece on günde bu anlattıklarınızın gerçekleşmesi mümkün mü?"

"Mümkün olduğuna inanmıyorsan yarın gelme, inanıyorsan yarın sabah saat 08.59'da burada ol."

"Hocam meraktan ve heyecandan ölüyorum, başka ne var?"

"Asıl inanamayacağınız şeyler bundan sonra."

"E söyleyin hadi anlatın, çatlatmayın insanı."

"Hocam anlatmayın, çünkü merak etmek iyi ve faydalı bir şeydir."

"Ha ha ha ha."

"Tamam anlatmıyorum. İnanmayanlar için şu kadarını söyleyeyim: Sizi bir kere kandırabilirim. Tatlı dilim ve çekici bilgilerimle aldatabilirim. Peki ya sonra? Benim de üç çocuğum var. Yavrularım bir yere gittiğinde onlara nasıl davranılmasını istiyorsam, ben de buraya gelenlere öyle davranırım. Yani sadece ben değil, ekip olarak öyle davranırız. Bir insana yapılacak en büyük kötülük ne biliyor musun?"

"Ne?"

"Önce çok güzel hayaller kurdurup sonra hayal kırıklığına uğratmak."

"Hocam az önce olacak dediğiniz şeylerin gerçekleşmesi konusunda garanti veriyor musunuz?"

"Hayır, asla herhangi bir garanti vermiyorum."

"Ya olmazsa, dedikleriniz gerçekleşmezse?"

"Ben kendime garanti veriyorum. Buradaki 40 saatte sıkılmayacağına, dersleri iyi anlatacağıma, çok etkili ve verimli teknikler göstereceğime, yani eğitmenliğime garanti veriyorum. Sen de kendine garanti veriyorsan, sorumluluğunu alacağını kabul ediyorsan buyur gel, yoksa gelme.

Bak ailen senin için çok yüksek sayılabilecek bir ücret ödüyor. Yazık olur. Karar senin. Ben öyle eli işte gözü oynaşta insanlarla eğitim yapmam. Geleceksen adam gibi geleceksin. Geldiğinde sorumlulukların olacak, her uygulamayı tam olarak yapacaksın."

"Nasıl uygulamalar hocam, dershanedeki gibi her gün 300 soru çözmek gibi mi?"

"Hayır canım, beynin her iki tarafını kullanmakla ilgili zevkli, keyifli, eğlenceli, sıra dışı ve komik uygulamalar. Bugün uçak uygulaması yaptık ya, bir kısmı onun gibi, bir kısmını da yarından itibaren her gün göstereceğim. Bugün ilk olduğu için pek giremedik o konulara."

"Bu akşam evde yapmamız gereken bir şey var mı?"

"Evet var canım. Şimdi size zevkle yapacağınıza ve çok seveceğinize inandığım birkaç şey söyleyeceğim:

1. Eve gidince elinize bir bardak ve bir çatal alın. Çatal, bildiğiniz yemek çatalı, bardak da su bardağı, ya da çay bardağı olabilir. Elinizdeki bu bardak ve çatal ne işe yarar, onları başka nerelerde kullanabilirsiniz?
2. Bugün anlattığım konularla ilgili aklınıza gelen ilginç, sıra dışı, komik, güzel, duygulu örnekler bulun, fıkralar düşünün, yeni anlattıklarıma öyle bir örnek verin ki kafamıza çakılsın.
3. Burada gördüklerinizi ailenize ve arkadaşlarınıza anlatın. 20 kelimeyi evdekilere gösterin, benim anlattığım gibi saymalarını isteyin, bakalım neler olacak?

Şimdilik bu akşam bu üç çalışmayı yapın yeterli. Bakın burada bir kutu var, görüyor musunuz? Bir tarafında kalp, diğer tarafında beyin resmi var. Kimseye söyleyemediğiniz duygu ve düşüncelerinizi, paylaşamadığınız özel problem, dert, acı, sıkıntı, sevinç ve mutluluklarınızı, sormaya çekindiğiniz soruları bir kâğıda yazıp buraya atabilirsiniz. Bu çok özel bir kutudur, yazdıklarınızı benden başka kimsenin okumayacağını bilin. Lütfen adınızı, soyadınızı ve telefonunuzu yazın ki size ulaşabileyim. İsteyenler isim yazmadan da paylaşmak istediklerini bu kutuya atabilirler. Yarına kadar buna da bir isim bulun lütfen."

* * *

"Şimdi size bir sürprizim var."

"Neymiş?"

"Sevineceğinizi düşündüğüm bir şey yaptım."

"Ne yaptınız?"

"Dün gece size bir mektup yazdım. Gönül'le Kahraman size mektuplarınızı dağıtacaklar. Akşam okursanız sevinirim. Ben de seminerle ilgili beklentilerinizi yazdığınız yazıları okuyup sizi daha yakından tanımaya başlayacağım."

"Ya hocam çok farklı şeyler yaşatıyorsunuz çocuklarımıza, okullarda hiç yaşamadıkları, görmedikleri bir tarzınız var."

"Yavrularınız on gün boyunca bizim emanetimiz Serpil Hanım."

"Bu güne kadar devamsızlık bildiren belgeden başka çocuklarımıza okuldan hiçbir şey gelmedi. Çok sevinecekler hocam ya."

"Serpil Hanım bakıyorum sen daha heyecanlısın."

"Evet hocam heyecanlıyım, biraz da içim buruk."

"Neden?"

"Biz öğrenciyken böyle şeyleri hiç yaşamadık. Mesela hiçbir öğretmen bana mektup yazmadı ki."

"Ben yazdım."

"Bana mı?"

"Evet, hem de tüm anne babalara."

"Ayyy gerçekten mi?"

Serpil Hanım bir eliyle Gönül'ün verdiği mektubu alırken diğer eliyle gözyaşlarını siliyordu. Ağlıyordu... Kim bilir içinde ne tür duygular vardı.

İnsanların mutluluğunu görmek, sevincini yüzünden okumak ne kadar da güzel bir şey.

"Şimdi seni rahatlatacak, içindeki buzları eritmeye başlatacak, olumsuz yüklerini indirecek, zehirli duyguları boşaltacak ve kapasiteni fark ettirecek bir uygulamayla seminerimizin bugünkü bölümünü noktalamak istiyorum.

Haydi bakalım şimdi oturduğun yerde kendini rahat bırak, derin bir nefes alarak gevşemeye başla ve kendini söyleyeceklerimin akışına bırak."

Burada öğrendiğin bilgiler, üzerine bembeyaz bir kar gibi yağıyor. Birazdan için karışmaya başlayacak, kuru bir toprağın gevşeyip çamura dönüşmesi gibi... Bu bilgiler yavaş yavaş içindeki tüm olumsuzlukları gevşetip ruhunun derinliklerine doğru sızmaya başlayacak... Aldığın her nefesle daha da derine doğru inmeye, kılcal damarlarının ucuna kadar gitmeye devam eden bu bilgiler birazdan tortularını çözecek, yaralarını kanatacak ve içini yumuşatacak...

Beynim Şahlanmaya Başladı...

Kar bembeyazdır. Eğer temiz bir yere, mesela çimenin üstüne yağarsa ne kadar güzel durur. Orada çok güzel kartopu oynayabilirsin, kardan adam yapabilirsin, kızakla kayabilirsin. Üzerinde yürüsen, üzerine düşsen, içinde yuvarlansan sana zarar vermez. Üzerini kirletmez, hatta temizliğine temizlik katar.

Peki, kar toprağa yağarsa ne olur? Toprak hiçbir zaman kar gibi beyaz olmaz ancak kar üzerine düştüğü toprağı yumuşatmaya, gevşetmeye ve çözmeye başlar. Bir süre sonra kar çamura dönüştürdüğü toprağın rengini alır ve o beyaz karın kendisi de yok olup gider.

Şimdi kendi içine dön, gözlerini kapat ve deriiin bir nefes al...

Bugüne kadar yaşadıklarını düşün. Üzüldüğün, dışlandığın, incitildiğin anları... Yaralandığın, aşağılandığın anları... Hasara uğrayan, yaralanan, bozulan duygularını...

Biliyor musun bazı insanların içi sanki hurda dükkânı gibi olur. Eski, bozuk, arızalı, hasarlı, devri geçmiş ve artık kullanılmayacak duruma gelmiş paslı malzemeler doludur orada.

Şimdi kendi iç dünyana bak, bugüne kadar orada neler biriktirdiğini fark et. Hatırladıkça kızdığın, üzülüp ağladığın olaylar hiiiiç hak etmediğin davranışlar, enerjini, gücünü ve özgüvenini çalıp giden hakaretler, beynini kilitleyen, duygularını düğümleyen vampirler...

Burada öğrendiğin bilgiler, üzerine bembeyaz bir kar gibi yağıyor. Birazdan için karışmaya başlayacak, kuru bir toprağın gevşeyip çamura dönüşmesi gibi... Bu bilgiler yavaş yavaş içindeki tüm olumsuzlukları gevşetip ruhunun derinliklerine doğru sızmaya başlayacak... Aldığın her nefesle daha da derine doğru inmeye, kılcal damarlarının ucuna kadar gitmeye devam eden bu bilgiler birazdan tortularını çözecek, yaralarını kanatacak ve içini yumuşatacak...

Verdiğin her nefesle bugüne kadar taşıyıp getirdiğin, içinde ağır bir yük gibi durduğu için seni yoran tüm zehirli duygular akıp gidiyor. Sen hafifledikçe, rahatladıkça bu bilgiler içindeki güzeli uyandırmaya, bugüne kadar farkında olmadığın kapasiteni harekete geçirmeye başlıyor.

Kıpırdanmaları hissediyor musun?

Toprağın içinde patlayan bir tohumun toprağın üstüne çıkması gibi bugüne kadar içinde taşıdığın hurdalığın altındaki güzelliklerin, yeteneklerin, olumlu duyguların saklandığı yerden dışarıya çıkıyor.

Toprağın üzerine yağıp onu çamura çeviren kar eridikten sonra neler olduğunu hiç merak ettin mi?

Çamur bir yandan kururken bir yandan da içindeki tüm zenginlikleri dışarıya vermeye başlıyor... Ve sadece bir çamur gibi algıladığın olumsuzluklar aslında toprağı yeşertiyor, içine atılan her şeyi, beş, on, yirmi misliyle çoğaltıyor.

Bugüne kadar yaşadığın ve sana acı, ıstırap, işkence, dert, bunalım ve sıkıntı yaşattığını sandığın tüm durumların şimdi sana ne muhteşem bir güç verdiğini fark ediyorsun...

Üzeri acılarınla örtülmüş, üzüntülerinle gizli kalmış muhteşem hazinelerini görüyorsun, değerlerini fark ediyorsun...

İzin ver hepsi yavaş yavaş çıkmaya başlasın. Güneş çıktığında üzerine çöken karanlığın kaçıp gitmesi gibi, bugüne kadar senin zayıflığını, eringeçliğini, güçsüzlüğünü fırsat bilip seni kuşatan tüm işgalcilerin kaçmaya başlıyor ve arkasına bile bakmadan seni terk edip gidiyor. Onların bıraktığı yere huzur, mutluluk ve neşe doluyor, yıllar önce senden uzaklaşan özgüvenin yeniden sana kavuşuyor.

Başarma arzusu, çalışma isteği, harekete geçme cesareti, aile sevgisi ve kazanma heyecanı içine akıp tüm benliğini kaplıyor ve ruhunun derinliklerine kadar içini dolduruyor. Artık kendi elinden tutup, kendini burada belirleyeceğin hedeflere götürmek için can atıyorsun. İçindeki cevheri çıkarıp parlatmanın vakti geldi.

Yarından itibaren öğrenmeye başlayacağın ve beynini şahlandıracağını hissetmeye başladığın teknikleri merak ediyorsun. Duyduğun, gördüğün ve öğrendiğin her yöntemin sana kazandıracağı başarıları hayal ettikçe kendini fırlatılmaya hazır bir ok gibi hissediyorsun...

Şimdi buradan kalkıp seni bekleyen göz kamaştırıcı başarılara doğru yürümenin zamanı geldi. Birazdan eve gidip annenle babana sarıldığında gözlerindeki parıltıyı ve heyecanı fark edip nedenini merak edecekler. Sen bugün burada olanları anlatırken onların yaşadığı heyecanı tahmin edebiliyor musun? Şimdi buradan çıkıp hedeflerine doğru yürüyüp onlara ulaşmanın keyfini ve mutluluğunu yaşamak, o harika duygularını başkalarına da anlatmak üzere gözlerini yavaaaşça açabilirsin..."

Bugüne kadar en çok duyduğun söz "çalış, çalış, çalışşş, çok çalış, geceni gündüzüne katıp çalış" oldu değil mi? Burada, bu sözleri duymayacaksın, çünkü burada öncelikle çalışma hevesi uyandırılıyor ve daha az çalışarak daha çok verim almanın, hızlı ve kalıcı öğrenmenin yolları öğretiliyor.

Eğitim Öğrenciye Saygıyla Başlar

Merhaba Canım,

Sana bu mektubu yazmaya başladığım şu an saat 24.00'ü geçiyor. Yarın kursta seninle tanışacağım için heyecanlıyım.

Biliyor musun sen açmak için kendine uygun toprağı, yeşermek için sana lazım olan suyu ve güneşi aramaya çıkmış çok kaliteli bir *tohumsun*. Şu an *Sevgi Bahçeme* gelmiş bulunmaktasın. Her şeyden önce sana yüreğimi tüm sıcaklığı ile açıyor ve "Sevgi bahçeme hoş geldin!" diyorum...

Bugünkü dersten sonra eve bambaşka bir *"SEN"* olarak gideceksin. Akşam bu mektubu bir daha okurken, tanışma heyecanını hâlâ yaşıyor olacaksın. Bu sıcacık aile ortamında gönlünce açan bir çiçek olman için sana gerekli olan sevgiyi, ilgiyi, bilgiyi, güveni, desteği ve arkadaşlığı bulacaksın. Bir tomurcuk olarak geldiğin bu kurstan sonra dünyanın en harika çiçeği olarak açmaya ne dersin canım?

Sen bir *pırlantasın*. Belki üzerin biraz tozlanmış ve belki de bugüne kadar senin değerini tam olarak anlayacak bir kuyumcunun eline düşmedin. Bu kursta üzerindeki tozlar temizlenecek ve sahip olduğun göz kamaştırıcı parlaklık ortaya çıkacak.

Sen bir yolcusun, çok güzel idealleri olan ve bu ideallere ulaşmak için yola çıkan bir yolcu. Şimdi burada bir mola verdin. İstersen bundan sonraki yolculuğunda sana arkadaşlık etmek, seninle birlikte yürümek istiyorum. Seni hedefine götürecek yolların arasından doğru, keyifli, eğlenceli ve kestirme olanını biliyorum.

Sen bir öğrencisin. Çok iyi bir lise veya üniversiteyi kazanmak için çırpınan, didinen bir öğrenci. Ya da mesleğinde yükselmek, çok daha kaliteli, mutlu ve başarılı yaşamak isteyen bir arkadaşımsın. Şimdi buradasın ve yüreğin sıcacık öyle değil mi?

Sana tekrar "Hoş geldin" diyerek ellerimi uzatıyorum. Hadi tut ve hiç bırakma olur mu canım? Sen amacına ulaşıncaya kadar yanında olup sana destek vereceğim, seninle arkadaşlık edeceğim. Zorlandığın, bunaldığın, üzüldüğün, ümitsizliğe kapıldığın anlarda artık yalnız değilsin...

İnanıyorum ki bu seminerden sonra kendini yeniden doğmuş gibi hissedeceksin. İçindeki GÜZEL yavaş yavaş uyanmaya başladı. Bir süre sonra kendine güvenin tamamen gelmiş olacak...

Bugüne kadar en çok duyduğun söz "çalış, çalış, çalışşş, çok çalış, *geceni gündüzüne katıp çalış*" oldu değil mi? Burada, bu sözleri duymayacaksın, çünkü burada öncelikle çalışma hevesi uyandırılıyor ve daha az çalışarak daha çok verim almanın, hızlı ve kalıcı öğrenmenin yolları öğretiliyor.

Artık tahtaya kalktığında başının daha dik, sınavlardaki netlerinin ve puanlarının daha yüksek, sınav sonuçları açıklandığında gözlerinin daha pırıltılı, eve geldiğinde ailenle konuşmalarının daha cıvıltılı, karnenin *teşekkür – takdir* belgesiyle süslü olmasının zamanı geldi.

Sen başarıların en güzelini hak ediyorsun. Neden mi? Çünkü sende, istediğin başarıyı elde edecek kapasite var. Hadi onu ortaya çıkarıp harekete geçirelim. Ne dersin?

Sen başarısızlığa, mutsuzluğa, herkesin gerisinde kalmaya ve başı eğik yaşamaya mahkûm değilsin. Hadi şimdi kalkıp aynaya bak. *Biricik, değerli ve* önemli *bir insan olduğunu gör*. İçindeki muhteşem kendine "*MERHABA*" deyip gülümse. Sabah kalk ve başarı yolculuğuna çıkmış bu kervana katılmak için buraya gel. Bu kervan seni ulaşmak istediğin hedefine götürecek. Gönlüm bu kervanın arkasında kalmana razı değil...

Ben kendime ve sana güveniyorum. Ya sen?

Yarın seni burada derslere ve yoluna çıkan engellere karşı "*kükreyen bir aslan*" gibi görmek istiyorum.

Sevgiyle kal canım. Hadi kolay gelsin... Başarı, sevgi ve güç yolculuğu başlıyor...

Küçük yanılgılarımı büyük suçmuş gibi başıma kakmayın. Bana yanılma payı bırakın. Beni, korkutup sindirerek, suçluluk duygusu aşılayarak, uslandırmaya çalışmayın. Yaramazlıklarım için beni kötü çocukmuşum gibi yargılamayın.

Pulsuz Dilekçe

Sevgili Anneciğim, Babacığım;

Bütün duygu ve düşüncelerimi dile getirebilseydim, size şunları söylemek isterdim:

Sürekli bir büyüme ve gelişme içindeyim. Sizin çocuğunuz olsam da sizden ayrı bir kişilik geliştiriyorum. Beni tanımaya ve anlamaya çalışın.

Deneme ile öğrenirim. Bana ayak uydurmakta güçlük çekebilirsiniz. Oyunda, arkadaşlıkta ve uğraşlarımda özgürlük tanıyın. Beni her yerde, her zaman koruyup kollamayın. Davranışlarımın sonuçlarını kendim görürsem daha iyi öğrenirim. Bırakın kendi işimi kendim göreyim. Büyüdüğümü başka nasıl anlarım?

Büyümeyi çok istiyorsam da ara sıra, yaşımdan küçük davranmaktan kendimi alamıyorum. Bunu önemsemeyin. Ama siz beni şımartmayın. Hep çocuk kalmak isterim sonra. Her istediğimi elde edemeyeceğimi biliyorum. Ancak siz verdikçe almadan edemiyorum. Bana yerli yersiz söz de vermeyin. Sözünüzü tutmayınca sizlere güvenim azalıyor.

Bana kesin ve kararlı davranmaktan çekinmeyin. Yoldan saptığımı görünce beni sınırlayın. Koyduğunuz kurallar ve yasakların hepsini beğendiğimi söyleyemem. Ancak hiç kısıtlanmayınca da ne yapacağımı şaşırıyorum. Tutarsız davrandığınızı görünce hem bocalıyor, hem de bundan yararlanmadan edemiyorum.

Öğütlerinizden çok davranışlarınızdan etkilendiğimi unutmayın. Beni eğitirken ara sıra yanlışlar yapabilirsiniz. Bunları çabuk unuturum. Ancak birbirinize olan saygı ve sevginizin azaldığını görmek beni yaralar ve sürekli tedirgin eder.

Çok konuşup çok bağırmayın. Yüksek sesle söylenenleri pek duymam. Yumuşak ve kesin sözler bende daha çok iz bırakır. "Ben senin yaşındayken..." diye başlayan konuşmaları hep kulak ardına atarım.

Küçük yanılgılarımı büyük suçmuş gibi başıma kakmayın. Bana yanılma payı bırakın. Beni, korkutup sindirerek, suçluluk duygusu aşılayarak, uslandırmaya çalışmayın. Yaramazlıklarım için beni kötü çocukmuşum gibi yargılamayın.

Yanlış davranışım üzerinde durup düzeltin. Ceza vermeden önce beni dinleyin. Suçumu aşmadığı sürece cezama katlanabilirim.

Beni dinleyin. Öğrenmeye en yatkın olduğum anlar, soru sorduğum anlardır. Açıklamalarınız kısa ve özlü olsun. Beni yeteneklerimin üstünde işlere zorlamayın. Ama başarabileceğim işleri yapmamı bekleyin. Bana güvendiğinizi belli edin. Beni destekleyin, hiç değilse çabamı övün.

Beni başkalarıyla karşılaştırmayın, yoksa umutsuzluğa kapılırım.

Benden yaşımın üstünde olgunluk beklemeyin. Bütün kuralları birden öğretmeye kalkamayın, bana süre tanıyın. Yüzde yüz dürüst davranmadığımı görünce ürkmeyin. Beni köşeye sıkıştırmayın, yoksa yalana sığınmak zorunda kalırım. Sizi çok bunaltsam bile soğukkanlılığınızı yitirmeyin. Kızgınlığınızı haklı görebilirim ama beni aşağılamayın. Hele başkalarının yanında onurumu kırmayın. Unutmayın ki ben de başkalarının yanında sizi güç duruma düşürebilirim.

Bana haksızlık ettiğinizi anlayınca açıklamaktan çekinmeyin. Özür dilemeniz, size olan sevgimi azaltmaz. Tersine, beni size daha çok yaklaştırır. Aslında ben sizleri olduğundan daha iyi ve değerli görüyorum. Bana kendinizi yanılmaz ve erişilmez göstermeye çabalamayın. Yanıldığınızı görünce üzüntüm büyük olur.

Biliyorum, ara sıra sizi üzüyor, belki de düş kırıklığına uğratıyorum. Bana verdiklerinizin yanında benden istediklerinizin çok olmadığını da biliyorum. Yukarıda sıraladığım istekler size çok geldiyse birçoğundan vazgeçebilirim, yeter ki beni ben olarak sevebileceğinize olan inancım sarsılmasın.

Benden "Örnek Çocuk" olmamı istemezseniz, ben de sizden kusursuz ana-baba olmanızı beklemem. Sevecen ve anlayışlı olmanız bana yeter.

Sizin çocuğunuz olarak doğmak elimde değildi, ama seçme hakkım olsaydı, sizden başka kimsenin çocuğu olmak istemezdim.

Sevgiler, Çocuğunuz.

Prof. Atalay Yörükoğlu, Çocuk Ruh Sağlığı

Çoktandır hayalini kurduğum ve gelmek için tam iki yıl önce yola çıkıp 5000 kilometrelik yolu yaya yürüdüğüm en büyük hayalim şimdi gerçeğim olmuştu. Bacaklarım titreyerek yürüdüm. Tam kapıdan girerken beni dekan ve hocalar karşıladı. Yolun sağına ve soluna sıralanan öğrenciler beni büyük bir sevgi gösterisiyle karşılıyorlar ve çılgınca alkışlıyorlardı.

Hayallerime Uçuyorum...

Aylar geçti. Sonradan öğrendiğime göre eğitim almak, başarılı olup ülkeme faydalı bir insan olmak için çıktığım bu yürekli yolculuğun öyküsü dilden dile dolaşmaya başlamış. Sudan'ın başkenti Hartum'a beş kuruşsuz, bitkin ve yorgun bir şekilde vardığımda benim yolculuğum adeta bir efsaneye dönüşmüş ve bu efsane okyanusları aşıp Afrika Kıtası'ndan Amerika'nın başkenti Washington'a kadar ulaşmıştı. Amerika'da ve Afrika'nın pek çok ülkesinde benim hikâyem konuşuluyormuş.

Dekan, üniversite öğrencilerini toplamış ve onlara benim durumumu anlatıp maddi destek istemiş. Amerika'ya ulaşmak için gerekli olan bileti alabilmem amacıyla öğrenciler ve Skagit Üniversitesi'nin bulunduğu Mount Vernon kasabasındaki vatandaşlar kendi aralarında para toplamışlar. Toplam 650 dolar olan o parayı bana gönderdiklerini öğrendiğim an büyük bir sevinç ve minnettarlıkla dizlerimin üstüne düştüm. Hiç tanımadığım o iyi yürekli insanlara teşekkür ettim ve tanrıya şükrettim.

Hedefimdeki bu başarı yolculuğuna çıkmak için köyümden ayrılırken alacağım eğitimle ilgili hayaller kurardım. Üniversite'nin kapısından nasıl girdiğimi, sınıfta oturup hocaları nasıl dinlediğimi, sınavlarda aldığım yüksek notları sık sık gözümün önünde canlandırırdım.

Sudan'da kaldığım sürede akşamları hayallerimi daha da canlandırıp güçlendirdim. Katalogda gördüğüm üniversitenin kapısından girdiğim anı düşünürken heyecanlanıyordum. Derslerde hocaları pür dikkat dinleyişimi, arkadaşlarımla iş birliği yapışımı tüm ayrıntılarıyla kurguluyordum, hatta mezuniyet törenini bile hayal etmeye başlamıştım.

Artık hiçbir güç beni yolumdan çeviremezdi.

İçimdeki büyük istek ve güçlü inancımla Hartum'dan ayrılıp Kahire'ye doğru yola çıktım.

Zambiya ve Uganda'da sürekli yağmurun altında yürüyordum ya, Mısır'da da kavurucu güneşin altında yürümek zorundaydım...

Zambiya ve Uganda'da ormanlık bölgelerde ve dağlarda yürüyordum, Mısır'da çöllerde ve sıcak kumda. Önceki yerlerde yiyecek bulmakta sıkıntı çekiyordum, burada su bulmakta.

Yine zorlu bir yolculuğun sonunda, bir gece çok uzaklardan Kahire'nin ışıkları göründüğünde gözlerimdeki parıltının gökyüzündeki yıldızlar kadar güçlü olduğunu hissettim.

Ve uçağa bindim.

Uçak havalandığında çok farklı duygular içindeydim. Yeryüzüne baktığımda neler düşündüm neler... Benim iki yılda yürüyerek geldiğim yolun iki katını bu uçak 10 saatte gidecekti.

İnişe geçtiğimiz anons edildiğinde sanki uçağa sığmıyordum.

Havaalanının çıkışında üzerinde adım yazılı olan bir pankart taşıyan birini gördüğümde ona yaklaştım. Dekan, beni almak için araba göndermişti. Ne kadar gittik bilmiyorum. Üniversitenin kapısının önünde şoför beni indirdi.

Aman tanrım, işte karşımdaydı.

Çoktandır hayalini kurduğum ve gelmek için tam iki yıl önce yola çıkıp 5000 kilometrelik yolu yaya yürüdüğüm en büyük hayalim şimdi gerçeğim olmuştu.

Bacaklarım titreyerek yürüdüm. Tam kapıdan girerken beni dekan ve hocalar karşıladı. Yolun sağına ve soluna sıralanan öğrenciler beni büyük bir sevgi gösterisiyle karşılıyorlar ve çılgınca alkışlıyorlardı.

Üzerimdeki solgun gömleği, bacağımdaki yırtık pantolonu ve ayağımdaki parçalanmış ayakkabıları gören oldu mu bilmiyorum.

Alkışlar arasında yürümeye devam ettim.

Giriş kapısından okuyacağım fakülteye kadar yürüdüğüm o yolun sonunda beni en çok kimin karşılamasını isterdim biliyor musun?

"Benim karnemde 'başarısız' diye tabir edilen altı tane zayıf var. Seminerinize bu zayıfları kurtarmak için geldim. zayıflarımı kurtarmazsam ailem beni seneye dershaneye göndermemekle tehdit ediyor. Babam ikide bir 'sınıfta kalırsan seni sanayiye göndereceğim, çırak olacaksın, akşama kadar kirin pasın içinde ezileceksin, o zaman anlarsın okumanın değerini!' deyip duruyor. Lütfen onlarla konuşup beni tehdit etmekten vazgeçmelerini söyler misiniz?

Neden Kimse Beni Sevmiyor?

Akşam eve geldiğimde biraz dinlendim. Sonra yemeğe oturduk, o gün seminerde olanları ailemle paylaştım. Yemekten sonra öğrencilerin ve anne-babaların seminerle ilgili beklentilerini yazdığı kâğıtları masama koydum. Biliyordum ki masamın üstünü dolduran bu bir tomar kâğıtla birlikte salondaki 200'den fazla öğrenci ve veliyi şimdi evimde misafir ediyordum, yine biliyordum ki birazdan gözüm satırları ziyaret ettikçe o misafirler beynime, ruhuma ve yüreğime doluşacaklardı. Heyecanlıydım, çünkü bu sayfaların her birinde içtenlikle yazılmış duygular, düşünceler ve beklentiler vardı. Ben onlara ders vermeye başlamadan önce onlar ilginç yazılardan oluşan bu sayfalarla beni eğitmeye başlamışlardı bile. Eğitim, tek taraflı bilgi aktarımından ve iletiminden öte karşılıklı paylaşıma ve etkileşime dönüştüğü anda daha bir kaliteli oluyordu.

Okumaya başladım:

"Ben herkesten çok çalıştığım halde sınavdaki heyecanıma yenilip herkesten çok başarısız olmaktan bıktım. Buraya kendimi yenmek için geldim.

Geçen sene üniversite sınavını kazanmak için çok çalıştım, gecemi gündüzüme kattım, sosyal hayatımı iptal ettim, sevdiklerimden uzaklaşıp odama kapandım ve sürekli test çözdüm. Büyük ümitlerim vardı, denemelerden aldığım puanlar süperdi, 'kesin kazanırım bu sefer' diyordum kendi kendime.

Sınava girdiğimde ne oldu bilmiyorum sanki içimde ki bir canavar beynimi kilitledi, gözlerimi kör etti ve elimi tuttu. Yapamadım soruları. Sadece üniversiteyi değil, istediğim bölümü kazanmak için yıllarımı derslere veren ben hiçbir yeri kazanamadım. Sadece sınavı değil, kendime olan güvenimi de kaybettim. Dışım gülse de içim kan ağlıyor ve bunu kimseyle paylaşamıyorum.

Benim için artık yapılabilecek bir şey yok, buraya da gönülsüz geldim. Annemle babam ite kaka getirdiler. Ancak siz 'Bugün misafirimizsiniz, bu seminer bir tepsi baklava gibidir, önce bir tadına bakın' deyince ilginç geldi.

Konuşmanıza 'Merhaba eğitimzedeler' diye başladığınızda 'aha' dedim içimden, işte beni anlayan biri çıktı. Burada tam olarak ne olacağını bilmiyorum ama içim ısındı. Lütfen bana yardım edin, ne olur elimi tutun. Çok çalışıp kazanamamak beni çok üzüyor, ben artık mutlu ve *başarılı olmak istiyorum.*

Bir de ben bugüne kadar kendimden başka kimseyi içten sevemedim. Kendimi sevip sevmediğimi bile bilmiyorum. Anneme, babama bile hiç sarılamadım. Ben artık mutlu olmak, başarılı olmak istiyorum.

Tüm kalbimle..." Başak Karaman, Mezun

* * *

"Bu seminerden hiçbir şey beklemiyorum, hatta şimdi çıkıp gitmek ve ağlamak istiyorum çünkü buraya gelirken

babam bana 'böyle yaramaz biri olacağını bilseydim seni çocuk yuvasına verirdim! Eğer çalışmayacaksan şimdi bile seni çocuk esirgeme kurumuna vereyim.' dedi.

Kimse beni sevmiyor yaa.." Tuna Yetimoğlu, Ortaokul 2

* * *

Okumaya devam ettikçe sanki beynimde bambaşka pencereler açılıyordu. Bazen çocukların yazdığı komik cümlelere kahkahalarla gülüyor, bazen minicik yüreklerin yazdığı üzücü cümlelerle hıçkırıklara boğuluyor, bazen aile sorunlarını dile getiren ifadelerle dalıp gidiyordum. Demek ki dünya sadece benim çocuklarım ve ailemden ibaret değildi, demek ki insanların hepsi aynı iyilikte ve anlayışta değildi, demek ki öğrencilerin hepsi aynı duygu, düşünce, hedef ve yaşantılara sahip değildi. Bugüne kadar bilmediğim, birinden duysam 'o kadar da değil, olmaz öyle şey' diye tepki gösterip inanmayacağım durumlar vardı.

Yazılardan anladığım kadarıyla iletişimsizlik yüzünden cehenneme dönüşen evler, bu cehennemde psikolojik eziyet çeken çocuklar vardı. Gardiyan gibi öğretmenlerin okulu hapishaneye çevirdiklerini düşünüp sınıflarda sıkılan, bunalan ve kendini mahkûm gibi hisseden öğrenciler vardı; çocuklarının eğitimi için çırpınan ama bu konuda yeterli donanımı olmadığı için kendini çok aciz ve çaresiz hisseden yorgun anne-babalar vardı.

İbretle, hayretle, bazen kızgınlıkla, bazen sevinçle okuyordum yazılanları...

"Ben çok mutsuzum, hayatta hiçbir şeyden zevk alamıyorum. Benim annemle babam öğretmen olduğu için mahallede, sınıfta ve okulda hep en iyi ve mükemmel olma-

mı istediler ama ben en kötüsü oldum. Şimdi ben çok heyecanlı, çok panikli, korkak, içe kapanık oldum. Annem bana pısırık diyor, babam da dikkat bozukluğun ve odaklanma güçlüğün var diyor, ama ben sevemediğim bir şeye dikkatimi veremiyorum ki. Siz sevmediğiniz bir şeyi mükemmel yapabilir misiniz? Bugüne kadar beni hep babam çalıştırdı ama beş zayıfım geldi. Annemle babam beni hiç anlamıyorlar, dinlemiyorlar bile. Sorunlarımın derinlerine inmelerini çok isterdim, ama onlar hep emir verdiler. Ben şimdi yedinci sınıftayım. Seneye sekizinci sınıfa geçip sınava gireceğim. Babam diyor ki 'İyi bir lise kazanamazsan çok kötü *olur.'*

Ben korkuyorum hocam, sizden tek istediğim sınav heyecanımı yenmek ve dikkatimi toplamak." Gözde Şentürk, 7. sınıf

Çocuğunu mükemmel bir şekilde yetiştirip etrafı na güzel bir poz vererek takdir almaya çalışan bir öğretmenin aslında gözünü yüksek notlara diktiği için çocuğunu hiç anlamadığını, hatta ona ulaşamadığını okuduğumda durdum. Çocuğun yürek inlemeleri geliyordu satırların arasından. "Annemle babamın benim sorunlarımın derinliğine inmelerini isterdim." cümlesini okuduğumda öylece kalakaldım. Kendime geldiğimde elimdeki kâğıdı masaya bırakıp küçük kızımın odasına gittim. Vakit geç olduğu için uyumuştu yavrum.

Sessizce yanına yaklaştım, saçları alnına yapışmıştı. Ne kadar masumdu minik kuşum, pek de masum uyuyordu. Usulca yaklaşıp bir öpücük kondurdum. Acaba ben Allah'ın bana emaneti olan bu tatlı çocuğu ne kadar anlayabiliyordum? Ben de öğretmendim ve ben de çocuklarımın başarılı olmasını, gelecekte kendi ayaklarının üzerinde durmasını, bunun için de çalışmasını istiyordum.

Bir an ürperdim; Ya benim yavrum da mutsuzsa, insanların beni televizyonlarda ve konferanslarda alkışladığını ama benim kendisini hiç anlamadığımı anlatıyorsa? Çocuğunu mükemmel yetiştirmek için uğraşırken onu mahveden o öğretmen nasıl ki bunu çok iyi, saf ve temiz bir niyetle yapıyor ve sonucun facia olduğunu bilmiyorsa, ben de evlatlarım için çalıştığımı düşünüp onların gerçek duygularının farkında olmayabilirdim.

Kızımın üzerini örtüp tekrar masama döndüm. Ve hepsi bitene kadar bazı satırların altını çizerek yazılanları okumaya devam ettim.

"Ben insanlarla iyi iletişim kurmak istiyorum. Bunu burada öğrenebilir miyim? Arkadaşlarımın ve akrabalarımın arasında çok sessiz kalıyorum. Konuşmak istiyorum ama yanlış yaptığımda, bana gülmelerinden korkuyorum.

Sınıfta öğretmen bir soru sorduğunda, cevabını bildiğim halde parmak kaldırıp söyleyemiyorum. İlkokul dördüncü sınıfta bir kere yanlış cevap verdim diye arkadaşlarım bana gülmüştü. Bu dönem sınıfta fazla parmak kaldırmadım diye öğretmenler sözlü notlarımı düşük verdiler.

Bir de çok çalışıp hiçbir şey *anlamamak yerine az* çalışıp çok şey *anlamanın yollarını öğrenmek istiyorum."* Ahmet Cesur, Lise 1

* * *

"Bugüne kadar ailemden ve çevremden en çok; geri zekâlı, salak, aptal, kuş beyinli gibi üzücü sözler duydum. Ben

artık zeki olduğuma inanmak, kendime güvenmek, çalışıp başarılı olmak ve çevremden güzel sözler duymak istiyorum.

Buraya bunun için geldim." Gökçe Durukan, Lise 2

* * *

"Açıkçası ben ders çalışmayı sevmiyorum. Test çözmeye başladıktan bir süre sonra sıkılıyorum. Bu sıkıntının üzerine çalışmaya devam etsem bile bir şey anlamıyorum ve bildiğimi zannettiğim soruları bile yanlış yapıyorum.

Belki bu konularda yardımcı olursunuz diye geldim. Çalışmanın yöntemlerini öğrenirsem başarılı olur ve üniversiteyi kazanırım diye düşünüyorum." Fırat Durgun, Lise 3

* * *

"Benim karnemde 'başarısız' diye tabir edilen altı tane zayıf var. Seminerinize bu zayıfları kurtarmak ve sınıfta iyi bir öğrenci olmak için geldim. Zayıflarımı kurtarmazsam ailem beni seneye dershaneye göndermemekle tehdit ediyor. Babam ikide bir 'sınıfta kalırsan seni sanayiye göndereceğim, çırak olacaksın, akşama kadar kirin pasın içinde ezileceksin, o zaman anlarsın okumanın değerini!' deyip duruyor.

Lütfen onlarla konuşup beni tehdit etmekten vazgeçmelerini söyler misiniz?

Kursa biraz da eğlenmek, kendime vakit ayırmak ve yeni birileriyle tanışmak için geldim. Teşekkürler." Ayhan Yüksel, Lise 2

* * *

"Ben bu kursa annemle babamın dırdırından kurtulmak için geldim. Başka hiçbir beklentim yok." Kutay Çelik, Lise 1

* * *

"Ben üniversitede okuyorum, ikinci sınıfta. Aslında dördüncü sınıfta olmam gerekiyordu ama iki yıl kaldım. Üniversiteyi kazandığımda herkes başarılı olduğumu düşünüyorken ben korkuyordum. Ben üniversiteyi sevdiğim ve okumak istediğim için değil, ailemin sürekli olarak çalış demesinden, çevremin baskısından kurtulmak için kazandım. Kazandım derken bile utanıyorum, çünkü insan sevdiği bir şeyi *kazanır.*

Kendimi üniversiteye atınca tüm sorunlarımın biteceğini zannediyordum. Fakülteden içeri adımımı attığımda durumun hiç de öyle olmadığını anladım. Üniversite bana lisenin devamı, hocalar da bana lisedeki öğretmenlerin ünvanlı biçimi gibi geldi. Ne yalan söyleyeyim sınıfa girerken sanki zindana giriyordum. Bunaldım, sıkıldım. Zar zor birinci sınıfı geçtim. Ancak ikide takılıp kaldım. Ne yapacağımı bilmiyorum. Psikiyatra gittim, şimdi ilaç kullanıyorum. Bizim bölümde benim durumumda olan çok arkadaşım var ama durumlarını kimseye belli etmiyorlar.

Lütfen bana yardım edin. Sizi televizyonda seyrettiğim zaman içimde bir ışık doğduğu için geldim.

Teşekkür ederim. Hayatımda ilk defa bana değer verip düşüncelerimi sorduğunuz için..." Anıl Tekin, Üniversite 2

* * *

"Benim hedeflerim var. Başta ailem olmak üzere çevremdeki insanların, uçuk, aptalca, saçma, gerçek dışı ve ulaşılması imkânsız olarak gördükleri hayallerim var. Yine uykusuz kaldığım gecelerin birinde televizyondaki konuşmalarınızı duyup, sıra dışı hareketlerinizi görünce 'işte' dedim, 'beni anlayacak bir çatlağı sonunda buldum.'

Bu güne kadar yaşadığım cesaret kırıcı yaklaşımlardan kurtulup kendi ufkuma doğru arkadaşlığınızı ve desteğinizi almaya geldim." Özge Akıllı, Lise 3

* * *

"İyi ki böyle bir soru sormuşum." dedim kendi kendime. Sormasaydım gelenlerin %70-80'ine ulaşmış olsam bile %20-30'luk gibi bir kısmına ulaşamayabileceğimi, onların iç dünyasını tanımayabileceğimi ve ne kadar iyi niyetle anlatırsam anlatayım bilgilerimle onların dünyasını biraz daha karmaşık hale getirmekten öteye gidemeyeceğimi fark ettim. Yaptığım seminer onların bir kısmına hiç yarar sağlamayacak, belki de zarar verecekti.

Peki, ben edindiğim bu bilgilerden sonra ne yapmalıydım:

Bu seminerin içeriğini her şeyden önce öğrencilerin okul başarısı için tasarlamıştım. Şimdi anlamıştım ki bu seminer sadece öğrenmeyi öğrenme, hafıza eğitimi, beyin gücü, etkili ders çalışma teknikleri gibi konulardan oluşursa öğrencilerin beklentisi karşısında çok yavan, kuru ve tatsız kalacaktı. Bu bilgilerle beraber onlara kendini sevme, kendine güven, aile içi iletişim, anne-babaya ve öğretmene saygı gibi güzel değerlerimizi yüklemeliydim. Ayrıca hedef belirleme, özgüven, olumsuz duygulardan kurtulma, zehirli düşüncelerden vazgeçme, kendini keşfetme, iletişim becerilerini geliştirme, kendine değer verme ve duygularını tanıma gibi konular da işlemeli, hatta sadece işlemekle ve anlatmakla kalmamalı, bunları uygulamalı olarak katılımcılara yaşatmalıydım.

Her biri farklı bir aile, değişik bir geçmiş, birbirine benzemeyen bir birikim, çeşitli inanç, kültür ve değer yargılarıyla gelen bu zengin kişiliklere tek kalıptan oluşan bir eğitim süreci uygulamak ne kadar verimli olabilirdi ki? Saçlarının ve gözlerinin rengi, boyları, yaşları, okulları ve mahalleleri bile birbirinden farklı olan bu güzel insanları aynı kalıba sokmak mümkün müydü?

Bin bir çeşit meyve, sebze, bakla, et ve tatlıyı aynı kazanda kaynatmak ortaya nasıl bir yemek çıkarırdı acaba? Bir bahçıvan gibi, sevgi bahçeme gelen ve içlerinde taşıdıkları kendi özel kalitesinden, renginden, kokusundan bile haberi olmayan bu tohumları toprağa sevgiyle dikmeli, şefkatle sulamalı, ilgiyle büyütmeli ve kendi renginde açmaları için tüm imkânları seferber etmeliydim.

Ertesi gün seminere nasıl başlayıp nasıl sürdüreceğimi hayal ederken uyumuşum.

İşi yapma isteği o kadar azdı ki arkadaşını kırmak istemediği için gönülsüzce çalışıyordu. Eskisi gibi özenmedi hiçbir şeye. malzemenin kalitesine dikkat bile etmedi, işçilik desen üçüncü sınıftı. villayı "Amaan sanki ben oturacağım, boş ver çabucak yapalım gitsin." diye söylene söylene bitirdi. İçini de dayayıp döşedikten sonra anahtarı alıp mimar dostunun yanına gitti.

Kendin İçin Yaptığını Bilseydin...

Monotonluğu sevmeyen bir yapısı vardı. Sıra dışı düşünmeyi, icat çıkartmayı, sınırları zorlamayı çok severdi. Herkesten farklı yaşamaya çalışırdı.

Bir gün "Neden insanlar aynı tip evlerde yaşıyorlar?" diye düşündü. Gittiği her ilde ve ilçede birbirine benzeyen evleri görüyordu. 2+1, 3+1, bazen 4+1, mutfak, banyo ve tuvalet. Cadde ve sokaklar da birbirinden çok farklı değildi.

"Ben farklı bir ev tasarlamak istiyorum." dedi kendi kendine, "Hiç kimsenin bugüne kadar düşünmediği, yapmadığı, hayal bile etmediği bir ev."

Çalışmaya başladı. Uzunca bir süre dışarı bile çıkmadan çalıştı. Bir gün gayretlerinin ve adanmışlığının neticesini aldı. Ortaya çıkan muhteşem projeye kendisi de inanamıyordu. Bu harika evin doğraması, kapısı, penceresi, dolapları ve bütün ahşap yapısı da çok güzel ve ilginç olmalı diye düşündü ve ekibine haber verdi;

"Bana dünyanın en iyi marangozunu ya da mobilyacısını veya dekorasyoncusunu bulup getirin."

İşe çıraklıktan başlayıp bir sanatkâr olan bir marangoz getirdiler. O da çılgınca işler yapıyordu. Yaptığı eserler göz kamaştırıyor, bakanın içini açıyordu. Zamanla çok güzel dekore ettiği evlerle dikkat çekti. Mesela normal bir ev 300 bin liraya satılıyorsa onun ustalığını konuşturduğu evler 400 bin liraya satılıyordu.

Sıra dışı mimar, marangozun kaliteli işini çok beğenip ona yüksek maaşlar ve primler ödedi. Çok iyi anlaşıp arkadaş oldular. İlişkileri dostluk derecesine ulaştı.

Gün geçtikçe marangoz işine dört elle sarılıyor ve yüreğini katıyordu. Yaptığı her işi kendi eviymiş gibi önemsiyordu.

Mesleğinde zirveye ulaştığında artık emekli olmak istediğini fark etti. Bunu mimar dostuna söylediğinde hiç de hoşuna gitmeyen bir karşılık aldı:

"Emekli mi? Asla! Sen gidersen ben ne yaparım? Senin gibi kaliteli iş yapanı nereden bulurum?"

"Ben yoruldum artık, bundan sonraki zamanımı ailemle, çocuklarımla ve torunlarımla geçirmek istiyorum."

"Akşamları aileni görüyorsun zaten. Bunun için emekli olmaya ne gerek var. Hayır izin veremem, çalışmaya devam edeceksin."

Marangoz kararlıydı:

"Bak bunca yıllık arkadaşlığımız var, şimdi aramızda çok iyi bir dostluk oluştu. Bunun bozulmasını istemiyorum. Ben kesin kararlıyım, artık çalışmayacağım. Yoruldum, lütfen anla beni."

Mimar, marangozun kararlı oluşu karşısında daha fazla konuşmadı.

"Senden son bir şey istiyorum. Benim çok sevdiğim bir arkadaşım var, ona saray gibi bir villa yapmak istiyorum."

"Bu uzun sürer."

"Böyle bir villayı en güzel sen yaparsın. İşçilik ve malzeme birinci sınıf olsun, her şey lüks olsun, her şeyi tam olsun. Anahtar teslimi olsun ve arkadaşım gelip ailesiyle otursun. Çünkü bunu yapacağın kişi benim en çok sevdiğim dostumdur.

Marangoz gönülsüz olmasına rağmen işi kabul etti. Etti etmesine de içinden mimar arkadaşına homurdanıp durdu:

"Anlayışsız adam, bunca yıl çalıştım, emek verdim, yoruldum diyorum anlamıyor."

İşi yapma isteği o kadar azdı ki arkadaşını kırmak istemediği için gönülsüzce çalışıyordu. Eskisi gibi özenmedi hiçbir şeye. Malzemenin kalitesine dikkat bile etmedi, işçilik desen üçüncü sınıftı. Villayı "Amaan sanki ben oturacağım, boş ver çabucak yapalım gitsin." diye söylene söylene bitirdi. İçini de dayayıp döşedikten sonra anahtarı alıp mimar dostunun yanına gitti.

"Bitti" deyip anahtarı masaya fırlattı.

"Öyle mi? Biliyorum senin için zor ve yorucu oldu. Beni kırmadığın için çok teşekkür ederim. Haydi şimdi beraberce gidip bir bakalım güzel olmuş mu?"

Marangoz oflaya puflaya geldi yaptığı villaya. İçini gezdiler, eşyaları kontrol ettiler. Tam kapıdan çıkarken mimar marangozun kolunu tutup:

"Bana çok emeğin geçti, sayende işlerim de iyiye gitti ve çok para kazandım. Sana tekrar tekrar teşekkür ederim." dedi.

"Bir şey değil." dedi marangoz. "Ben işimi yaptım. Şimdi izin verirsen gitmek istiyorum."

"Biliyor musun, benim en çok sevdiğim arkadaşım ve saygı duyduğum dostum sensin. Ben bu evi senin için emeklilik hediyesi olarak yapmanı istedim. Sürpriz olsun diye baştan söylemedim. Al anahtarları, bu ev senin dostum. Ailenle birlikte burada mutlu yaşamanı diliyorum."

Marangoz olduğu yerde kalakaldı, dili tutuldu, ağzı kurudu, konuşamadı.

Şaşkındı...

'Neden?' sorusu beyni kilitlenmeye götürür, 'Nasıl?' sorusu beyni açmaya yöneliktir. 'Neden?' sorusu başarısızlığın nedenini gösterirken 'Nasıl?' sorusu başarının yollarını gösterir. 'Ben fizik dersini neden anlamıyorum?' diye sorduğun zaman bu dersi nasıl anlamadığını çok iyi anlarsın, ancak 'Ben fizik dersini nasıl anlarım?' diye sorduğunda nasıl daha iyi öğrenebileceğinin yollarını çoğaltırsın.

İyi - Güzel - Farklı - Yeni

İkinci gün salonun girişinde Gönül'le Kahraman karşıladı beni.

"Hocam her şey hazır, 120 öğrenci var, 22 tane de veli."

"Öğrencilerin yaş gruplarına göre dağılımı nasıl Gönül?"

"5 ilkokul, 33 ortaokul, 42 lise, 17 mezun, dokuz üniversi te öğrencisi, altı öğretmen, üç okul müdürü, iki polis, bir yüzbaşı, bir doktor bir de profesör olmak üzere 120 öğrenci var, 22 tane de veli, toplam 142 kişi."

"Renkli bir grup olmuş."

"Evet hocam rengârenk hem de."

Salona girdiğimde gördüm ki bugünkü olumlu hava dünkünden daha fazla. Dün ailesinin ısrarıyla gelenlerin oluşturduğu, azıcık da olsa, olumsuz hava yoktu. Onlar ya gelmemişler, ya da kendi istekleriyle gelmeye karar vermişlerdi. Böylece ortamdaki pozitif enerji en üst düzeye çıkmış, negatiflikten eser kalmamıştı.

Pencere tarafında oturanlardan başladım, hepsiyle tek tek tokalaşıp "Hoş geldin." demeye. Ellerinden tutarken gözlerime bakıyor ve oradaki anlamı fark etmeye çalışıyordum. Bakışların önceki günden daha istekli, daha heyecanlı, daha ışıltılı olduğunu görmek beni sevindirdi.

"Arkadaşlar her güne üç uygulama yaparak başlayacağız. Biri üç, biri on, biri de 15 dakika sürecek.

Birinci uygulama şu: Şimdi beşer kişilik gruplar oluşturuyorsunuz, hemen sandalyenizi alın ve beş kişilik bir daire oluşturun. Hepiniz birbirinize yabancısınız ya, şimdi önce tanışın, kendinizden bahsedin, sonra da sohbet edin. Ailenizden, okulunuzdan konuşun, buraya neden geldiğinizi birbirinizle paylaşın. Son olarak da aklınızda kaldığı kadarıyla dün neler öğrendiğimizi konuşun. Süreniz on dakika, haydi bakalım her birinize ikişer dakika düşüyor."

"Hocam diğer uygulamalar ne?"

"Bunu yaptıktan sonra öbürlerini de söyleyeceğim."

Gönül, Kahraman ve Banu'nun rehberliğiyle gruplar oluşturuldu. Çok büyük bir kısmı nasıl başlayacağını, ne diyeceğini bilmiyor gibi duruyordu. İlk bir iki dakika suskun geçse de sonradan açılmaya başladılar. On dakika boyunca merhabalaştılar, tanıştılar ve sohbet ettiler.

"Haydi bakalım arkadaşlar, süre doldu. Şimdi yerlerinize..."

Bazılarının söyleyecekleri bitmemişe benziyordu. "Şimdi ikinci uygulamaya geçiyoruz:

İnsan beyni sorularla çalışır. Kazanmak istediğin bilgilerin kalitesi sorduğun soruların kalitesine göre değişir. Eğer beynine ya da bilinçaltına olumsuz soru gönderirsen olumsuz cevaplar, olumlu sorular gönderirsen olumlu cevaplar alırsın. Mesela kendine 'ya ben sınavı kazanamazsam ne yaparım?' diye sorarsan beynin kazanamamaya odaklanır, kazanamadığın zaman yaşayacağın kötü durumları büyütmeye başlar ve sonunda bunu gerçekleştirir. Bunun tersini yani 'şimdi ben bu sınavı kazanırsam neler olur?' diye sorarsan beynin yaşayacağın güzelliklere odaklanır ve bunu gerçekleştirir.

'Neden?' sorusu beyni kilitlenmeye götürür, 'Nasıl?' sorusu beyni açmaya yöneliktir. 'Neden?' sorusu başarısızlığın nedenini gösterirken 'Nasıl?' sorusu başarının yollarını gösterir. 'Ben fizik dersini neden anlamıyorum?' diye sorduğun zaman bu dersi nasıl anlamadığını çok iyi anlarsın, ancak 'Ben fizik dersini nasıl anlarım?' diye sorduğunda nasıl daha iyi öğrenebileceğinin yollarını çoğaltırsın.

Şunu söylemek istiyorum; yaşayacağın hayatın kalitesini sorduğun sorular belirler.

İşte şimdi sana bir soru soracağım. Ben mutsuz ve huzursuz olduğum bir zamanda, yıkılıp çöktüğüm ve karanlıklarda kaybolduğum bir durumda bu soruyu duydum. O günden sonra hayata bakışım tamamen değişti.

Sen her sabah veya her akşam bu soruyu sorduğun zaman hayatındaki değişimlerin ve olumlu gelişmelerin neler olduğunu merak ediyor musun?

Her sabah derse bu soruyla başlayacağız;

Hayatımda iyi, güzel, farklı, yeni ve olumlu ne var?"
"Bu kadar mı hocam?"

"Evet, bu kadar. Son bir günde, son bir haftada yaşadığın, ailende ve çevrende gördüğün, başkalarından duyduğun, hayatında iyi, güzel, farklı veya yeni neler var? Her sabah bu soruya cevap vermek için 15 dakika ayıracağız. Haydi bakalım kim başlamak ister?"

...

"Biraz düşünün bakalım, büyük veya küçük fark etmez.

İyi, farklı, yeni, mutlu olduğunuz, güzel bir şey."

...

"Zorlanıyor musunuz?"

"Evet hocam, bugüne kadar hiç böyle bir sorunun cevabını düşünmemiştik."

"İyi işte şimdi düşünün."

"Hocam iyi bir şey yok yaa..."

"Vardır, düşünün biraz."

"Önce siz söyleseniz olur mu hocam?"

"Olur tabii ki. Dün gece seminerden beklentilerinizi yazdığınız kâğıtları okuyordum. Gece yarısına doğru içinizden birinizin babası telefon etti."

...

"Ağlamaktan konuşamıyordu."

...

"Oğlum bugün sizin seminerinize geldi. Derslerinin yarısından çoğu zayıftı, geçen sene de sınıfta kalmıştı. Karnesini öyle görünce çok kızdım, bağırdım bir de tokat vurdum. Birkaç gündür konuşmuyordu benimle. Bugün kursunuzdan gelince 'Baba!' dedi. Seslenmedim. Yine seslendi, 'Babaa!' 'Ne vaaar?' diye sertçe cevap verdim. Yanıma geldi. Kendisine döner dönmez 'Babaaamm' diye sarıldı. Ağlamaya başladı. 'Ne oldu oğlum?' diye sordum. Hiçbir şey söylemedi. Sevgiyle sarıldı oğlum hocam."

Arayan beyefendinin hıçkırıklarını duyuyordum; "Akşam sofrada seminerinizi anlattı. Uçağa binme olayı varmış. Beni, annesini ve kardeşlerini çok sevdiğini söyledi. Doğrusu çok şaşırdım hocam, lokmalar boğazımda düğümlendi, konuşamadım. Şimdi oğlum yattı. Bugüne kadar yaşadığımız hayatı düşündüm. İçim acıdı hocam. Çocuklarıma sevgiden başka her şeyi vermişim. Bir tek sevgi eksik kalmış. Bugün oğlum sizden o sevgiyi getirdi.

Geç saatte rahatsız ettiğimi biliyorum. Size teşekkür ediyorum."

Telefonu kapatırken söylediği samimi dua yüreğime işledi:

"Allah senden razı olsun hocam."

...

Salondaki öğrencilerin bazıları da duygulanmıştı. "Gece yarısı gelen bu telefon bir ailenin mutluluğunu getirmişti bana.

İşte size iyi bir şey... Haydi, şimdi siz başlayın." "Hocam hayatımda ilk defa bir öğretmenimden mektup aldım, bu hem iyi, hem farklı, hem yeni, hem de çok güzel bir şeydi. Ne kadar mutlu olduğumu anlatamam."

"Hocam ben gelirken otobüste yaşlı bir teyzeye yer verdim, bu da olur mu?"

"Tabii ki. Kendini nasıl hissettin?"

"Çok mutlu."

"Teşekkür ederim."

"Hocam ben de eve gidince annemle babamın elini öptüm, çok mutlu oldular, sevindim."

"Çok güzel."

"Hocam dün eve gittiğimde ilk defa severek ve annem demeden kendi isteğimle test çözdüm."

"Şahane."

"Hocam ben üniversiteyi kazanabileceğime inanmaya başladım."

"Eyvah Duygu eyvah!"

"Neden hocam?"

"Gidiyor benim son model bilgisayarım."

"Alacağım hocam, alacağım onu sizden."

"Hocam benim annem hep etek giyerdi, dün ilk defa pantolon giydiğini gördüm, bu bana çok farklı geldi."

"Hocam Zonguldak'tan misafirlerimiz geldi, halamın kızını özlemiştim. Onu görünce sevindim."

"Hocam okul zamanı benim oğlum sabahları uyanmaz, okula gitmek istemez, onu yataktan kaldırmak için çok uğraşırdık."

"Eee?"

"Bu sabah ilk defa bizden önce saat altıda uyanmış. Bana dedi ki 'Haydi anne kahvaltıyı hazırla da hemen çıkalım, seminere geç kalmayalım.' Hocam mucize gibi. Çok sevinçliyim."

"Hocam babamın bir arkadaşı dün akşam bize ailesiyle oturmaya geldi. 20 kelimeyi sizin anlattığınız gibi kendilerine anlattım."

"Ne dedi?"

"Sen bu soytarılıkları öğrenmek için mi bu seminere gidiyorsun?" dedi.

"Gerçekten mi?"

"Evet hocam babama dedi ki; 'Sokağa atacak çok paran varmış demek ki...'

"Hocam benim dedem hep hastalıklardan şikâyet eder. Hafızasının zayıfladığını, eskisi gibi hatırlamadığını söyleyip durur."

"Eee?"

"Dün dedim ki;

'Dede aslında sen çok zekisin.' 'Benimle dalga mı geçiyorsun?' dedi. 'Hayır, istersen bunu sana ispatlarım.'

Güldü dedem. 'Kurt kocayınca köpeğe maskara olurmuş.' dedi babama.

'Dede ya gerçekten söylüyorum, senin aklın çok iyi çalışıyor.'

'Hadi ispatla o zaman.'

Hocam 20 kelimeyi dün burada yaptığımız gibi hikâye şeklinde anlattım ve hepsini de sırayla hatırladı."

"Sonuç?"

"50 lira harçlık verdi."

"Vaaavvv, kârdasın yani..."

"Devamı var hocam."

"Neymiş o?"

"Dedim ki, dede 100 kelime de hatırlayabilirsin. Önce 'O kadar da değil.' dedi. Meraklandırdım onu, hani merak etmek iyi bir şey dediniz ya.

'Hadi başla.' dedi sonra.

'Olmaz dede. Hepsi bir günde olur mu?'

'Ne zaman olur?'

'Yarına'

Dedem cüzdanından gıcırgıcır bir 100 lira çıkarıp bana gösterdi.

'Dediğin doğruysa bu yüzlük senin.' dedi."

"Eee?"

"Hocam bugünü merakla bekliyorum. 100 kelimeyi göstereceksiniz değil mi?"

"Hayır."

"Neden?"

"Yüzlüğün yarısını verirsen düşünürüm belki."

Yıkılıyordu salon kahkahalardan.

"Hocam az önceki tanışma bölümünde bir şey fark ettim."

"Neymiş?"

"Hani dediniz ya dün neler öğrendiniz diye."

"Evet."

"Dün anlattıklarınızın hepsini hatırladığımı fark ettim ve kendime güvenim geldi."

"Duygu sen de hatırlıyor musun dün öğrendiklerimizin birazcığını?"

"Hocam ne birazcığı yaa, hepsini hatırlıyorum."

"Arkadaşlar o zaman size bir müjdem var."

"Buyurun hocam."

"Duygu hatırlıyorsa herkes dünden hatırlar."

"Hocaaaaamm!"

"Ne kızıyorsun be yalan mı?"

"Hocam şu kutu var ya, masada duran."

"Evet Mehmet hocam?"

"Ben ona bir isim buldum."

"Öyle mi, buyurun lütfen söyleyin."

"Gönül Aynası olsun. Hepimiz oraya kimseye anlatamadıklarımızı, gönlümüzün bir köşesinde gizli kalmış duygularımızı, kalbimizin acılarını, ailede yaşadıklarımızı, dertlerimizi, hayallerimizi yazacağız ya, o yüzden Gönül Aynası olsun diyorum."

"Çok hoş bir isin hocam, nereden geldi aklına?"

"Ben profesörüm, uzun zamandan beri üniversitede hocalık yapıyorum. Dün sizi dinledikten sonra içim çok acıdı. Akşam eve gidince sizin deyişinizle aynaya baktım. Öğrencilerimizin kafasını bilim öğrensinler diye geçmişe sokmuşuz ve onların bugünlerini mutlu yaşamaları için gönüllerini inşa etmemişiz. Geleceğe dair bir uzak görüşlülük çizmek yerine geçmişteki bilim insanlarının yaptıklarını ezberletmişiz, deyim yerindeyse yıllardan beri bilinen şeyleri sakız gibi çiğnetmişiz. Geçmişte toplumları ilerleten o sakızlar günümüz insanının ruhunu doyurmaya yetmemiş. Ben de bunu fark ettim.

Yavrularımız da uygun görürse GÖNÜL AYNASI olsun gönlümüzle dolduracağımız o kutunun adı."

"Mehmet Hocamızın önerisine ne dersiniz arkadaşlar?"

"Eveeet" cevabı gönülden gelen güçlü alkışların arasında kaybolup gitti.

"Mehmet Hocam bu isim gönlünden geldiği için gönüllerde yer buldu, çok teşekkür ederim."

"Gönül Aynası her sabah buraya konacak. Siz her türlü duygu, düşünce, dert, öfke, sevinç, korku, acı, yara, hayal, icat, beklenti ve önerinizi yazıp buraya atabilirsiniz. Ben her akşam onları okuyup değerlendireceğim."

"Uzun mektuplar da yazabilir miyiz hocam?"

"Elbette."

"Aramızda kalması gereken sır gibi konuları da..."

"Tabii ki, içinizden güvenmek gelmiyorsa yazmayabilirsiniz. Ders sırasında diyelim ki aklınıza çok ilginç, sıra dışı bir düşünce geldi, ya da kalbiniz coştu çok güzel duygular hissettiniz, hepsini yazıp atabilirsiniz."

"Hocam isteyenler sizin için bahşiş de atabilir mi?"

"Banuuu, yoksa kendine elbise mi alacaksın?"

"Yok hocam sizin için söylüyorum. Duygunun istediği bilgisayarın fiyatına baktım da bayağı pahalıymış yani."

Şimdi gelelim üçüncü uygulamaya...

Bugüne kadar yaşayan kendini düşün, kendine bir türlü güvenemeyen, bazen dayak yiyen, adam yerine konulmayan, pısırık, kendini ifade edemeyen kendini; derslerinde düşük not alan, girdiği sınavı kazanamayan, zaten kazanacağına da inanmayan, umutsuz kendini... Ailede, akrabalarının arasında sevilmediğini düşünen, arkadaşları tarafından aşağılanan, bazı öğretmenleri tarafından hiç fark edilmeyen kendini...

Özgüvenimi Kazanıyorum

"Haydi, şimdi ayağa kalk, salonun herhangi bir yerine gidebilirsin, istediğin yere... Ayaklarının arası bir karış kadar açık olsun. Dik dur canım, dimdik..."

Tüm öğrenciler ve veliler kalktı. Bazılarının başı dimdik dururken, bazılarının boynu biraz büküк ve omuzları çöküktü. Bazılarının yüzünde sevimli bir gülümseme varken, bazılarının yüzünde bir umutsuzluk vardı. Kimi karşıya bakıyor gibiydi, kimi yere. Güvensizliği her halinden okunanlar kendini uzaktan bile gösteriyordu.

"Şimdi gözlerini yavaaaşça kapat.

Bugüne kadar yaşayan kendini düşün, kendine bir türlü güvenemeyen, bazen dayak yiyen, adam yerine konulmayan, pısırık, kendini ifade edemeyen kendini; derslerinde düşük not alan, girdiği sınavı kazanamayan, zaten kazanacağına da inanmayan, umutsuz kendini... Ailede, akrabalarının arasında sevilmediğini düşünen, arkadaşları tarafından aşağılanan, bazı öğretmenleri tarafından hiç fark edilmeyen kendini...

Şimdi bu duyguya odaklan ve bu duyguyu sonuna kadar, yani 'Yeter artık, yeter, yeteeer!' deyinceye kadar hisset. Dayanamayacak noktaya geldiğinde 'Tamam.' de.

Televizyondaki belgesel programlarında ya da bilgisayarda hiç yılanın deri değiştirdiğini izledin mi, ya da civcivin yumurtadan çıktığını gördün mü?

Şimdi artık terk etmek istediğin eski kendini, üzerine giydiğin kalın bir mont ya da yumurtanın kabuğu veya yılanın eski derisi gibi düşün.

Şimdi o montu çıkarıp arkana at, ya da yumurtanın kabuğunu kırıp çık ve ileriye bir adım at. Eskisi geride kalsın." Öğrenciler ileriye doğru bir adım atarken rahatlamanın verdiği hafiflikle derin bir nefes aldılar.

"Harika. Şimdi tam önünde bir metre çapında bir çember hayal et. Rengini görebiliyor musun, ya da sesini duyabiliyor musun veya onun orda olduğunu hayal edebiliyor musun?

O çemberin içinde kendine güvenen, güçlü, başarmaya kararlı, kazanacağına inanan, güvensizlikten kurtulmuş kendini, yani tam idealindeki kendini gör, hayal et, hisset.

Onun nasıl biri olduğunu hayalinde iyice netleştirir misin?

Omuzların dik, başın yukarıda, karşıya bakıyorsun, gülümsüyorsun, kendinden eminsin, özgüvenin tam olduğu için başaracağını biliyorsun.

Harika, şimdi kendine sor, gerçekten öyle olmayı istiyor musun?

Şimdi bir adım at ve çemberin içine gir. Haydi, at adımını. İşte böyle. Şimdi istediğin tüm özellikler sana geçmeye başlasın. Ayaklarından başladı, bacaklarına doğru, karnına, göğsüne doğru... Sen aldığın her nefeste bu enerji tüm vücudunu dolduruyor.

Acele etme... Bu duygu yavaş yavaş tüm vücudu nu dolduruyor. Omuzlarının nasıl dikleştiğini hissediyor musun? Başın yavaş yavaş kalkıyor, karşıya bakıyorsun, başardığın güne. Kafanın içi özgüven duygusuyla dopdolu. Bu harika duygu tepeden tırnağa tüm vücudunu dolaşıyor. Çok iyi. Hücrelerine, kılcal damarlarına doluncaya kadar devam et.

Şimdi eğil, o çemberi ellerine al ve vücudunda istediğin yere, başının üstüne, kalbine veya omzuna koy. Kendine güveninin zirvede olduğunu fark ediyor musun?"

Şimdi gözlerini açıp yerine oturabilirsin."

* * *

"Neler yaşadınız, neler hissettiniz, nelerin olduğunu fark ettiniz arkadaşlar?"

"Hocam rüya gibiydi."

"Bence rüya değil, gerçek gibiydi. Eski seni geride bırakıp bir adım at dediğinizde sanki üzerimden büyük bir ağırlık indi, nasıl hafiflediğimi bir bilseniz. Çok rahatladım."

"Gelecekteki kendimi hayal ederken uçacak gibi oldum. Uçup üniversitenin bahçesine konasım geldi."

"Özgüvenim artarken dersler gözümde küçüldü. Bugüne kadar onları gözümde boşuna büyüttüğümü fark ettim."

"Hocam şu an kendimi çok iyi hissediyorum da, buradan çıkınca bu durumun etkisi geçer mi?"

"Harika bir soru sordun canım, teşekkür ederim. Eğer bunu bir-iki defa yaparsan evet geçer. Ancak düzenli olarak günde bir sabah bir de akşam olmak üzere iki defa yaparsan kalıcı bir özgüven duygusuna sahip olursun."

"Hocam aç karna mı, tok karna mı?"

"Yok susuz karna yapın."

"Hocam ya biz böyle şakaları okulda yaptığımızda hocalarımız 'ciddi olun, sırıtıp durmayın' diye bizi azarlıyorlar. Siz burada bizi ne güzel güldürüyorsunuz ve şakalarıma da hiç kızmıyorsunuz."

"Siz dersi sulandırmıyorsunuz ki, yerinde şakalarınızla renk katıyorsunuz ve öğrendiklerimizi unutulmaz kılıyorsunuz, hepinize teşekkür ediyorum."

"Hocam bizim fencimiz geçen kızgın bir şekilde sınıfa girdi, bir arkadaşımız gülünce 'Burası sirk mi, yoksa hayvanat bahçesi mi, önce adam olun, insan olun, medeniyet öğrenin, şapşallar!' diye bağırdı."

"Sonuçta hepinizin beyni kaplumbağa gibi içine çekilip kapandı değil mi?"

"Evet hocam zaten o hocanın dersini hiç dinlemek istemiyoruz, ama burada anlattığınız her şeyi öğrenmek için can kulağıyla dinliyoruz."

"Bu benim herhangi bir üstünlüğümden kaynaklanmıyor canım. Her şeyden önce buraya gelip gelmemeyi kendiniz seçtiniz, anlatacağım konulara ihtiyaç hissettiniz. Hepsinden önemlisi gülüyorsunuz, derslere katılınca da sevinip mutlu oluyorsunuz."

Şimdi düşün ki benzinli bir araban var. Sen tutup onun deposuna zeytinyağı dolduruyorsun. Soruyorum sana bu araba çalışır mı? Ya da mazotlu bir araban var ve sen depoyu ayranla dolduruyorsun, çalışır mı? Doğru yakıtı kullanmazsan arabanın çalışıp hareket etmesini bekler durursun. şöyle düşündüğün oluyor mu; 'Yahu arkadaş, bu zeytinyağı çok faydalı, besleyici, biz kullanıyoruz çok iyi geliyor, sağlıklı oluyoruz, arabaya da faydalı olsun diye doldurdum ama yemiyor ki!'

Herkesin Beyni Farklı mı Çalışır?

"Hocam dünkü kelimeleri sırayla nasıl sayabildiğimizi anlatacaktınız."

"Evet Neslihan ben bugünkü dersimize söylediğin konuyu anlatarak başlamak istiyorum.

Dün de söylediğim gibi beynimiz sağ lob ve sol lob olmak üzere birbirinden farklı özellikleri olan iki bölümden oluşuyor. Şu tabloda her iki lobun özelliklerini görebiliyorsunuz.

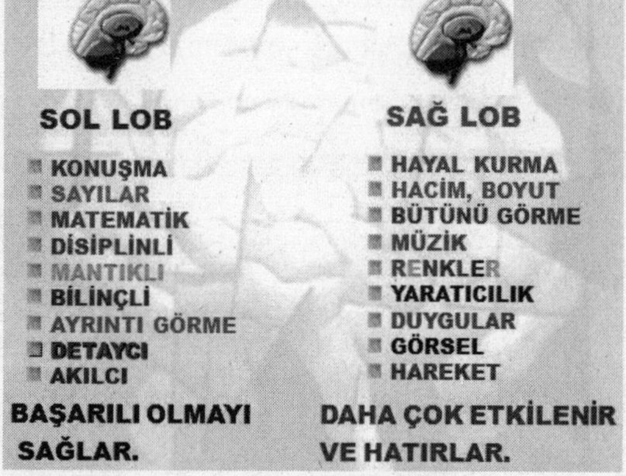

Beynimizin sağ lobu vücudumuzun solunu yönetir, sol lob da vücudumuzun sağını. Mesela beyninin sağ tarafından darbe alan bir insanın sol tarafı felç olur, sağ tarafı değil.

Şekildeki beynin yapısına baktığınızda sizde ya da anne-babanızda bu özelliklerin hangisinin bulunduğunu görebilirsiniz. Bazı insanlar ağırlıklı olarak beyninin sağını kullanırlar, bazıları da beyninin solunu kullanırlar. Bazıları beynin her iki tarafını kullanırken bazı insanlar da ne hikmetse beyninin hiçbir tarafını kullanmazlar.

Şimdi öğrencilere soruyorum; beynin solunu kullananlar parmak kaldırsın. Tamam, 15 kişi. Şimdi de beynin sağını kullananlar parmak kaldırsın. Ooo, yaklaşık 100 kişi. Peki, her iki lobun özellikleri de bende var diyenleri göreyim. 10 kişi. Son olarak beynin hiçbir tarafını kullanmayanlar parmak kaldırsın. Tamam, bir kişi, o da Duygu."

"Hocam siz farkında olmasanız da ben beynimin her yerini kullanıyorum."

"Tamam be tamam. Şimdi de velilerimize soruyorum; bende sağ beynin özellikleri ağırlıkta diyenler, altı kişi, sol beynin özellikleri ağırlıkta diyenler, 11 kişi, her iki bölümün özellikleri de var diyenler beş kişi.

Anne-babalar ve öğretmenler ağırlıklı olarak beyninin solunu kullanırlar, öğrenciler de beynin sağını. Peki, bu durum sınıf ve ev ortamını nasıl etkiler, evde ve okulda neler yaşanır bir bakalım.

Duygu senden örnek vermemde bir sakınca var mı?"

"Hayır hocam, buyrun lütfen."

"O zaman annene sorayım. Ayça Hanım sen Duygu'yla konuşurken onun okulu, dersleri ve geleceğiyle ilgili neler söylüyorsun?"

"Mantıklı ol yavrum diyorum, aklını başına al. Biraz daha disiplinli olsan başarırsın. Soruları okurken ayrıntılara dikkat etsen iyi olmaz mı, sistemli çalışsan puanın 400'leri geçerdin. Başarı senin için çok önemli, geleceğe dair hiçbir planın yok, diyorum."

"Çok güzel Ayça Hanım, şimdi senin bu söylediklerinde yanlış olan herhangi bir kelime ya da cümle var mı?"

"Bence yok hocam."

"Bence de yok çünkü bunların hepsi çocukların iyiliği için söylenen faydalı sözler. Şimdi bir de Duygu'ya sorayım: Annen böyle konuşurken sende neler oluyor, neler hissediyor, neler yaşıyorsun?"

"Hiçbir şey yapmıyorum, yapmak istemiyorum, çünkü annemin her söylediği bana batıyor, çok konuşuyor, tutturmuş başarı da başarı, sanki ben istemez miyim, ama içimden gelmiyor. Bugüne kadar her şeyimi annemle babam belirledi. Benim yerime onlar düşünüp karar verdi.

Okuldan eve geldiğimde nasihat vermeye, dırdır etmeye ne zaman başlayacaklar diye bekler oldum."

"Şimdi bir tarafta her şeylerini evlatları için ortaya koyan ve ömrünü çocuklarına adayan bir anne-baba var, diğer tarafta başarılı olmak isteyen ancak bunu bir türlü gerçekleştiremeyen bir öğrenci var. İyi niyetli iki taraf. Bu durum da ilkokuldan başlayıp bugüne kadar yaklaşık sekiz yıldır devam etti, hâlâ da ediyor.

Bu durumu çözmeyi istiyor musun Ayça Hanım?"

"Hem de nasıl, hocam valla çok yoruldum. Rahat bir nefes almak istiyorum artık."

"Duygu sen?"

"Annemle babam üzerimden el çekerse ben de rahat bir nefes almak istiyorum."

"Bakın şimdi, sanki iki taraf var ve her ikisi de iyi bir şeylerin olmasını istediği halde kötü sonuçlar çıkıyor ortaya. İlginç değil mi?

Şimdi düşün ki benzinli bir araban var. Sen tutup onun deposuna zeytinyağı dolduruyorsun. Soruyorum sana bu araba çalışır mı? Ya da mazotlu bir araban var ve sen depoyu ayranla dolduruyorsun, çalışır mı? Doğru yakıtı kullanmazsan arabanın çalışıp hareket etmesini bekler durursun.

Şöyle düşündüğün oluyor mu; 'Yahu arkadaş, bu zeytinyağı çok faydalı, besleyici, biz kullanıyoruz çok iyi geliyor, sağlıklı oluyoruz, arabaya da faydalı olsun diye doldurdum ama yemiyor ki!'

Ben de sana şunu diyorum, bu benzin var ya öyle faydalı ki arabaya dolduruyorum beni alıp 1000 km götürüyor, yokuş çıkarken bana mısın demiyor. Hadi sen de otur iki litre iç, bak nasıl çalışıyorsun, hatta her sabah kahvaltıda çocuklarına ikişer bardak içir, çok çalışırlar, başarıya giden, üniversiteye giden sınav yokuşunu çıkarken bana mısın demezler.

Sahi Duygu, sabahları aç karna bir bardak benzin içmeyi denesene."

"Yaa hocaaam içim bulandı ya, öööh, ıyyy!"

"Bence dene, arabanın motorunu çalıştırıyor, senin beynini de çalıştırır. Gerçi senin beynin çalışmaz ki."

"Nedenmiş o?"

"Olmayan şey nasıl çalışsın?"

"Allah vermemiş ben ne yapayım hocam?"

"Nasıl ki araban benzinle çalışıyorsa, bedenin aldığı gıdalarla ve içeceklerle çalışıyorsa, beynin de kullandığın kelimelerle çalışıyor. Beynin yakıtı kelimelerdir."

"Hocam arabalar çeşit çeşit, benzinli, mazotlu veya gazlı. İnsan beyni de mi böyle?"

"Evet, harika bir soru. Her insanın beyni aynı kelimelerle çalışmaz. Annenle baban bunca yıldır senin beyni ni kelimelerle dolduruyorlar ve sen bir adım bile hareket edemiyorsun. Bunun sebebini düşündün mü hiç?"

"Anlıyorum hocam, daha yeni yeni anlıyorum. Demek ki ben kendi beynimi çalıştıran kelimeleri kızımın kafasına doldurmuşum."

"Aynen öyle olmuş. Senin beynini çalıştırıp seni başhekim yapan düşünce sistemi yani kelimeler, evladının beynini tıkayıp kilitledi."

"Duygu'cuğum gördüğün gibi beyninde bir eksiklik yokmuş. Allah seni yaratırken beynini unutmamış, hep bu ananla baban var ya, bunların yüzünden olmuş. Eğer onlar benzin istasyonunda pompacı olarak çalışsalardı, arabaların çoğuna yanlış yakıt doldururlardı.

Şimdi beynin yapısına yeniden bakalım. Ayça Hanım kendi beynini çalıştıran kelimeleri Duygu'nun beynine doldurdu. Neydi onlar? 'Aklını başına al kızım, disiplinli çalış kızım, telefonu elinden bırak kızım, arkadaşlarından bir süre uzak dur kızım, hayal peşinden koşma kızım, hayat çok acımasız kızım, ayrıntıları gözden kaçırma kızım, mantıklı ol kızım, sakın âşık olma kızım, her şeyin bir zamanı var kızım..."

"Ay hocam yeter, gına geldi valla, evde sürekli bunları duyuyoruz, bir de siz başlamayın."

"Yetmez hocam yetmez yaa. Lütfen devam edin, çok doğru söylüyorsunuz. Biz yıllardır söylüyoruz, bir de siz söyleyin, sizi dinlerler."

"Neden?"

"Çünkü sizi seviyorlar."

"Sizi sevmiyorlar mı? Ya da sizi sevmedikleri için mi dinlemiyorlar veya sizi dinlememeleri sevmedikleri anlamına mı gelir?"

"Hocam kafamızı karıştırıyorsunuz yine..."

"Bak buna sevindim, kafa karışıklığı başlamışsa öğrenme de başlamış demektir."

"Kafası karışmayanların aklı çalışmıyor mu hocam?"

"Bilmem bunu en iyi Duygu bilir."

...

"Duygu, şimdi ben sana küçük bir uygulama yapacağım; dört-beş cümle söyleyeceğim ve sen kimsenin karışıp laf söylemesine gerek kalmadan her gün harıl harıl ders çalışacaksın, desem inanır mısın?"

"Biraz zor hocam."

"Sen bilirsin, düşünsene 10 dakikalık bir uygulama ve gelsin üniversite. Zaten ben bunu istediğime değil, isteyene yapıyorum."

Ben bu cümleyi der demez velilerin tamamı ayağa fırladı:

"Hocam bizim çocuğa yapın o uygulamayı hocaaam, lütfen, ne olur."

"Hayırdır saygıdeğer veliler, çok heyecanlandınız galiba?"

"Evet hocam ya, ümitlerimiz şahlandı."

"Ben az önce ne dedim, duymadınız galiba, istediğime değil, isteyene uygulama yapıyorum."

"Hocam gerçek mi söylediniz az önce, 10 dakikalık bir uygulamayla ben isteyerek ders çalışabilir miyim?"

"Şaka yapar bir halim mi var Duygu?"

"Tamam, ben istiyorum."

"Heveslisin de tam olarak istemiyorsun."

"İstiyorum hocam."

"Hayır Duygu, sekiz yıllık geleneğini bozmak kolay mı?"

"Ne geleneği?"

"Yan gelip yatma, bütün sorumluluğu ana-babanın üzerine yıkma ve çalışmama geleneği."

"Ben bundan vazgeçmek istiyorum işte."

"Bilmem bakacağız."

"Lütfen, çok merak ettim şimdi."

"Neydi arkadaşlar, merak etmek?"

"Çok faydalı, güzel, hayırlı ve iyi bir şeydi hocam."

"Beyinle ilgili başka bir şey daha söylemek istiyorum.

Bazı insanların beyni sesle çalışır, bazıları görüntüyle, bazıları duyguyla ve hareketle.

Beyni sesle çalışanlara işitsel, görüntüyle çalışanlara görsel, duyguyla ve hareketle çalışanlara dokunsal denir. Şimdi düşün sen dersleri nasıl daha iyi anlıyorsun? Öğretmenin anlattıklarını dinleyerek mi, tahtaya yaptığı çizimleri, kitaptaki resimleri görerek ya da videoları seyrederek mi? Yoksa yaparak, yaşayarak, hissederek, deneyerek, hayalinde canlandırarak mı?

Şimdi öğretmenin sınıfta ders işleyişini düşün bakalım, sen nasıl öğreniyorsun?

Peki, evde nasıl bir iletişimin var? Ana-baba olarak çocuklarının bir şeyi anlamasını ve onların öğrenmesini istediğinde bunu nasıl yapıyorsun? Mesela sadece konuşuyor musun, ya da nasıl yapılacağını gösteriyor musun, kendin örnek oluyor musun veya sarılarak, elini tutarak, omzuna dokunarak, heveslendirerek, yüreğine dokunarak paylaşıyor musun?

Şimdi bir ara yapalım yoksa Gönül bizi dövecek ya da Banu hazırladığı ikramları kafamıza çarpacak."

"Banu misafirlere bir şeyler hazırladın mı?"

"Evet hocam meyve, pasta, simit, kek, gazoz, kuruyemiş, ayran, çay, kahve ve meyve suyu."

"Musluk suyu yok mu bugün?"

"Yok hocam."

"Peki, bu hazırladıklarını sevmeyenler için ne var?"

"Bunca şeyi sevmeyen için öyle mi?"

"Evet, onlara ne var?"

"Onların neler sevdiğini bilmiyorum hocam, bir sorun bakalım benim hazırladıklarımı anneleri hazırlıyor mu?

Yarın onları getirsinler bakalım, biz de görelim neleri seviyorlarmış."

"Tamam be, sen bu dille zor evlenirsin, bu gidişle evde kalacaksın."

"Tabii ki evde kalacağım hocam, sokakta mı kalacaktım?"

"Haydi bakalım Banu teyzenizin hazırladığı ikramlara hücum vakti. Arada tanışın, sohbet edin, anlattıklarımı paylaşın, sorular sorun. Gönül Aynasını doldurun. 20 dakika sonra burada olun."

Son sınıfa geçtiğimde derslerime daha bir sıkı sarıldım. Dünyayı tanıdıkça büyük sandığım kabilemin, köyümün, kasabamın hatta ülkemin ne kadar küçük kaldığını fark ettim. Eğer bakışın küçükse küçük şeyleri kocaman sanıyorsun, eğer bakışını genişletip ufkunu açabiliyorsan büyük sandıklarının da aslında ne kadar küçük olduğunu anlıyorsun.

Seni Çok Özledim Yavrum...

O akşam yurttaki odama çıkıp yatağıma uzandığımda gözyaşlarımı tutamadım. Hem hedefime ulaştığım için çok mutluydum, hem de ailemi özlediğim için çok hüzünlü... Dile kolay evimden ve ailemden ayrılalı tam iki yıl olmuştu.

Hayatımda ilk defa böyle güzel bir yatakta yatıyordum. Yastığı ayrı, döşeği ayrı, yorganı ayrıydı. Üzerimizi örtmek için hayvan derilerinden yaptığımız örtülere, otlardan yaptığımız döşek ve yastıklara hiç benzemiyorlardı. Hepsi de yumuşacıktı...

Dört yıllık fakültede okumak için iki yıl yol yürümüştüm. Bu uzun yolculuğun verdiği tatlı yorgunluk ve başarmış olmanın huzuruyla kendimi uykunun kollarına bırakıverdim.

Yıllardır hayalini kurduğum bu üniversitede derslere devam ederken hiç zorlanmadım. İnsan sevdası için yanıp tutuştuğu ve uğruna her türlü engeli aşıp kavuştuğu aşkının yanında kendini nasıl mutlu hissediyorsa ben de uğruna dağları, ovaları, ormanları, çölleri, ırmakları ve okyanusları aştığım okulumda kendimi öylesine güçlü, mutlu ve başarılı hissediyordum. Ben gelmeden ünüm geldiği için buradaki herkes beni tanıyordu ve arkadaş edinme problemi de yaşamadım.

Beni üzen tek bir derdim vardı, o da ailem.

Zaman zaman aileme mektup yazıyor, okulumu, eğitimin kalitesini, buraların güzelliğini anlatıyordum. Kardeşimin yazdığına göre annem her mektubumu ağlayarak dinliyor ve kalbinin üzerine koyuyormuş. Kardeşlerimin iki tanesi yazdıklarımdan çok etkilenip üniversite eğitimi görmeye karar vermişler.

Aylar ayları, yıllar yılları kovaladı. Ben yarıyıl ve yaz tatillerinde ülkeme gidemedim. Tatillerde çalışıp eğitimim için para kazanıyordum. Son sınıfa geçeceğim yaz tatiline bir ay kala yine bir mektup aldım. Annem beni çok özlediğini, merak ettiğini, mümkünse bu tatilde eve gelmemi istediğini söylüyordu.

Babamın biraz hasta olduğunu ve onun da beni görmek istediğini eklemişti.

"Anne sadece bir yılım kaldı, derslerimde çok başarılıyım, önümüzdeki yıl okulu çok yüksek puanlarla bitireceğim. Biraz daha çalışırsam birincilikle mezun olabileceğim. Hepinizi çok özledim. Kardeşlerimi her gün gözümün önüne getiriyorum, fotoğraflarına bakıyorum. Bir yıl daha sabredelim anne. Tanrının izniyle seneye geleceğim."

Zarfın içine mektubumla beraber yüreğimi de koydum. Son sınıfa geçtiğimde derslerime daha bir sıkı sarıldım. Siyasal Bilimler okuyordum. Dünyayı tanıdıkça büyük sandığım kabilemin, köyümün, kasabamın hatta ülkemin ne kadar küçük kaldığını fark ettim. Eğer bakışın küçükse küçük şeyleri kocaman sanıyorsun, eğer bakışını genişletip ufkunu açabiliyorsan büyük sandıklarının da aslında ne kadar küçük olduğunu anlıyorsun.

Mezuniyet günü yaklaştıkça içime bir hüzün çöküyordu. Ailemi çok özlemiş olmanın hüznüydü bu. Babamın, annemin ve kardeşlerimin gelip buraları görmelerini o kadar çok isterdim ki.

Her mezuniyet töreninde bütün öğrencilerin aileleri de bulunuyor ve büyük bir coşku yaşanıyordu.

Bu seneki töreni adeta bir şölen havasında kutlamak için gerekli tüm hazırlıklar çok planlı bir şekilde yapılıyordu. Dereceye giren öğrencilerin başarı belgelerini ve diplomalarını kimin vereceği bile önceden belliydi.

Okulu birinci olarak bitirdiğim için diplomamı rektörden alacaktım. İkinci olanın diplomasını dekan veriyordu. Sonunda herkes için muhteşem olan o büyük gün gelip çattı. Herkes ailesiyle gelmişti ve çok mutluydu.

Birinci olmama rağmen içimde bir hüzün vardı, çünkü ailesi orada olmayan tek kişi bendim.

Programın akışı planlı bir şekilde devam ederken sıra dereceye girenlere belgelerini vermeye gelmişti. Onuncudan başlamak üzere dereceye girenlerin adı okunuyor, onlar da sahneye çıkıyorlar ve diplomalarını hocaların veya önemli misafirlerin ellerinden alıyorlardı.

Beni çok seven dekanımız tören boyunca bana bakıp bakıp gülümsüyordu. Okulu üçüncü bitirenin adı okunduğunda dekanımızı davet ettiler. Bir yanlışlık olmalı diye düşündüm çünkü dekan ikinci olanın belgesini verecekti.

İkinci olanın adını okudu sunucu ve ardından rektörü davet etti. Olamaz, dedim. Diplomasını rektörden alması gereken bendim. Şaşkınlığım iyice arttı, hüznüm de... Rektör de sahneden inerken bana bakıp gülümsüyordu.

İçimden bir ses dedi ki, yoksa benim diplomamı Amerika başkanı mı verecek?

Hayali bile ruhumda büyük bir heyecan duymama yetti ve içimi titretti.

Bir insanın öğrenme kodlarını doğru kullanarak onu hedefine doğru harekete geçirmek çok kolay, yani minik bir uygulamayla ve kişinin beynine doğru cümleleri sunmakla okulu cennete çevirebilirsin. Kadınlarla erkeklerin de beyni farklı çalışır. Bunu bildiğin zaman eşinle yaşadığın ciddi problemleri kolayca çözer, iletişimi güçlendirir, evini cennet bahçesi haline getirebilirsin.

Beynimi Gıdıklıyorsun Hocam...

"Hocam az önce çay içerken arkadaşlarla tanışıp sohbet ettik, çok güzel paylaşımlar oluyor. Meğer bu sorunları yaşayan sadece biz değilmişiz."

"Ne güzel işte, bayağı rahatlıyorsunuzdur size benzeyen başkalarını da görünce."

"Evet hocam, yalnız benim aklıma bir şey takıldı. İnsanın beyni önceki derste anlattıklarınızın sadece biriyle mi çalışır, yani bir insan sadece işitsel, sadece görsel veya sadece dokunsal mı olur?"

"Şahane bir soru, çok teşekkür ederim Yaşar Müdürüm. Her üç özellik de insanda bulunur, yalnız bunlardan biri daha baskındır. Mesela bir insanda görsellik %70, işitsellik %20 ve dokunsallık %10 bulunabilir. Ya da dokunsallık %80, işitsellik %15, görsellik %5 bulunabilir."

"En iyisi ve en faydalısı hangisi hocam?"

"Burada iyi-kötü, faydalı-faydasız diye bir durum yok."

"O zaman bunları bilmek bizim ne işimize yarayacak?"

"Senin kan grubun ne?"

"A rh pozitif."

"Diyelim ki sen ameliyat oldun ve sana kan lazım oldu. Hangi gruptan olduğunu bilmeden getirip sana kan verdiler, ne olur sence?"

"Bana uymayan kan verirlerse ölürüm."

"Ölmemen için ne yaparlar, önce senin kan grubunu tespit ederler, sonra da sana verecekleri kanın senin grubundan olup olmadığını öğrenirler."

"Evet hocam bunun için önce bizden bir kan örneği alırlar."

"Şimdi Duygu niye öldü?"

"Ay hocam Allah korusun ne ölmesi?"

"Duygunun çalışma hevesi, öğrenme merakı, başarı isteği öldü. Sence neden?"

"Anladım hocam annesiyle babası onun beynine yanlış kelimeler verdi, böylece Duygu'nun beyni kilitlenip kaldı."

"Çok güzel söyledin. İşte öğrenme stilini, yani beyninin kodlarını bilmen, senin çalışma hevesini artırır, öğrenme merakını çoğaltır, dersleri çok keyifli hale getirir. Öğretmeninle, arkadaşlarınla ve ailenle konuşurken hem hiç sıkılmazsın hem de onları sıkmazsın."

"Peki, biz öğrenme stilimizi öğrenecek miyiz burada?"

"Evet, öğreneceksiniz, yalnız şimdi değil."

"Anladım hocam, biraz merak edelim değil mi?"

"Hayır, bu sefer merak etmeyin."

"Nasıl?"

"Öyle işte merak etmeyin."

"İyi de hocam daha çok merak ettim şimdi."

"Hocam kelimeleri nasıl sayabildiğimizi anlatacaktınız."

"Biliyorum canım, şimdi oraya geldik. Bu arada şunu tekrar hatırlatayım, bir insanın öğrenme kodlarını doğru kullanarak onu hedefine doğru harekete geçirmek çok kolay, yani minik bir uygulamayla ve kişinin beynine doğru cümleleri sunmakla okulu cennete çevirebilirsin. Kadınlarla erkeklerin de beyni farklı çalışır. Bunu bildiğin zaman eşinle yaşadığın ciddi problemleri kolayca çözer, iletişimi güçlendirir, evini cennet bahçesi haline getirebilirsin.

Gelelim kelimeleri nasıl saydığına...

Kelimeleri ilk okuduğumda beyninizin tek tarafına, daha doğrusu sol lobuna göre okudum. Ne dedim; 'Dinleyin, konuşmayın, çıt istemiyorum, aklınızı buraya verin, dinlerken disiplininizi bozmayın, iyi odaklanın, başaracak mısınız?' dedim. Kullandığım bu kelimelerin tamamı beynin sol yarısıyla ilgilidir. Az önce sorduğumda beyninin solunu kullananların sayısı beş-altı kişiydi. Sağını kullananların sayısı ise yaklaşık 100 kişi. Tabii sol beyninize gelen kelimeleri dinlemeye odaklanırken aslında öğrenme işlemi gerçekleşmiyordu. Dikkatinizi verdiniz. Odaklanmaya çalıştınız ancak sayamadınız, çünkü duyduklarınız kulağınıza kadar geldi, içeri girdi, oturacak bir yer bulamadan çıkıp gitti. Ancak birkaç kelime hatırlayabildiniz.

İkinci defa saymaya başlarken ne dedim; 'dinlemeyebilirsiniz.' Bunu duyunca her şeyden önce merakınız daha da arttı. Ardından başka bir şey dedim.

'Söylediklerimi hayal edin, gözünüzün önüne getirin, rengârenk düşünün, hissedin, duygularınızı katın, sesleri duyun.

Şimdi abartılı okuyacağım; sıra dışı, ters, zıt, çok büyük, çok küçük düşünün.'

Birinci bölümde beynin sol bölümünü harekete geçirecek şekilde okuduğum için kelimelerin çoğunu hatırlayamadınız. İkinci bölümde ağırlıklı olarak beynin sağ bölümünü çalıştıracak şekilde okudum, hatta biraz daha ileri gidip her iki tarafı birlikte çalıştıracak şekilde söyledim kelimeleri. Sonuçta hepsini de sayabildiniz.

Beynin iki tarafı birden kullanıldığında kamera gibi çalışır ve her şeyi net olarak kaydeder. Hatırlamak istediğin konular oldu mu o kaydı başa alıp yeniden seyrediyorsun ve her şeyi hatırlıyorsun."

"Hocam bu çok önemli bir bilgi, peki bu sayma ve hatırlama işlemini sadece kelimelerde mi yapabiliyoruz, aynı şeyi derslerde de yapmak mümkün mü?"

"Elbette, sadece derslerde de değil. Hayatta hatırlamak istediğiniz her konuda, alışveriş listelerinde, tanışmalarda, isim öğrenmelerinde..."

"Hocam, hemen geçelim dersleri nasıl öğrenip hatırlayacağımıza."

"10 gün boyunca burada yapacağımız çalışmalarla derslerin nasıl çalışılıp çok daha kolay öğrenilebileceği ni göreceğiz, bununla birlikte şunu da bil ki, bu öncelikli olarak bir beyin eğitimi semineridir. Öğrenme yolculuğuna çıkmadan öğrenmeyi öğreneceğiz. Bunun da ilk adımı beyni tanımak, onun özellikleriyle buluşup, geliştirmeye başlamak, etkin, verimli, en faydalı biçimde kullanmaktır. Bunun için de önce beyni eğitiyoruz, hafızayı güçlendiriyoruz, sonra da bu eğitilmiş beynimizle derslerin başına geçiyoruz.

Her beyni açacak bir anahtar var. Zor olan beyni açmak değil, doğru anahtarı bulmaktır. Başarı, doğru anahtarı bulduktan sonra kendiliğinden gelecektir."

"Yani hocam biz başarının anahtarlarını mı tanıyacağız?"

"Bence başarıya adım atmadan önceki kapının anahtarları desek daha doğru olacak?"

"Haklısın Merve. Şöyle düşün: Adamın kapısında bir milyonluk ticari bir taksi var ve adam onu çalıştırmayı bilmediği için araba kapıda yatıyor. Evin önünde milyonluk arabanın olması çok iyidir, bununla beraber adamın onu çalıştırmaması zarar değil midir?

İşte beyin de böyledir. Şimdi sen gövdenin üzerinde değeri parayla ölçülemeyecek kadar değerli bir organ taşıyorsun ancak onun nimetlerinden hiç faydalanmıyorsun, onu sadece et zannediyorsun. Bazılarının sana, et kafalı mısın nesin, dediğini bile duymuşsundur. Bu seminerde paha biçilmez beynini keşfedeceksin. Onu çıkarıp değerlendirmeyi yani ihtiyacın olduğu her yerde kullanmayı öğreneceksin. Beynini nasıl kullanacağını göstermek benim işim, ki hepiniz onun için buraya geldiniz, onu kullanıp kullanmamak da sizin işiniz."

"Hocam siz bizi zorlamadıkça, bize baskı uygulamadıkça benim daha çok öğrenesim geliyor."

"Tosbağa mısın yoksa Yusuf?"

Ha hahaha...

"Beyninizi uyarmak için biraz onu gıdıklasam mı? Hani insan gıdıklandıkça yerinde duramaz, kıpır kıpır oynar ya, beyin de öyledir, dokunmazsan öylece yatar.

Bir romanla bir ders kitabını okurken neler oluyor hiç düşündün mü, ya da bir hikâyeyle bilimsel bir kitabı okurken neler yaşıyorsun?"

"Romana başladım mı elimden bırakamıyorum ama ders kitabını okurken sıkılıyorum. Bazen okuduğum yeri unutup bir daha okuyorum, hatta birkaç defa daha okuyorum."

"Peki, bunun neden kaynaklandığını hiç merak ettin mi? Ders kitaplarını genellikle bilim insanları ve akademisyenler yazar. Onlar da beyninin solunu kullanırlar. Anlatmak istediklerini ilkokul, ortaokul ya da lise öğrencisinin seviyesine göre yazmak yerine karşılarında üniversite hocaları varmış gibi yüksek düzeyde anlatırlar. Dolayısıyla da sen okurken kitaptaki çoğu kavramı bilmediğin için anlamakta zorluk yaşarsın ve sıkılırsın, okurken dalıp dalıp gidersin.

Hâlbuki roman yazanlar önce duygulara seslenirler, yürekten iletişim kurarlar, kitaplarında hem görsel, hem işitsel, hem de dokunsal kelimeleri kullanırlar. Ders kitabını yazanlar öncelikle sol beyne göre yazıyorlar. Öğrencilerin çoğunun sağ beynini kullandığını dikkate almıyorlar. Sonuçta hocaların yazdığı en güzel bilgiler nefret edilen bir duruma düşüyor. Ve gençlerin de en güzel yılları beyinlerini bu faydalı bilgilere kapamış bir şekilde mutsuz geçip gidiyor.

Ben bu duruma çok üzülüyorum.

Romanı okurken yaşıyormuş gibi okursun, heyecanlanırsın, endişelenirsin, duygulanırsın, ağlarsın, sinirlenirsin değil mi? Bazen de gözlerin satırların arasından kayıp giderken sen hayalinde bir film seyredersin sanki."

"Hocam ders kitaplarını roman gibi yazmak mümkün mü ya da konuları öyle çok akıcı şekilde anlatmanın, yazmanın yolları var mı?"

"Elbette var. Burada öncelikle beynin her iki tarafını birden kullanmayı öğreneceksin, yani gözlerin gözden öteye geçip kameraya dönüşecek, kulakların kulaktan öteye geçip ses kayıt cihazına dönüşecek. Ders kitapları sıkıcı yazılmış olsa bile sen onu okurken romana dönüştürmeyi bileceksin, öğretmen renksiz, ruhsuz, sıradan ve tekdüze anlatsa bile sen onu filme çevirebileceksin.

Sonuçta ne olacağını tahmin edebiliyor musun? Duygu tek tercihle istediği üniversiteye gidecek."

"Aşk olsun hocam sadece Duygu mu?"

"Hayır, elbette hepiniz gideceksiniz, yani ben Duygu bile demek istedim."

"Hocam siz bana takılacağınıza bilgisayar için para biriktirmeye başlayın."

"Hiç sanmıyorum canım, bence sana kaç beden giydiğimi söyleyeyim de elbiseleri tam üzerime göre al."

"Görüşeceğiz hocam."

* * *

"Şimdi size bir soru sormak istiyorum. Bana söyler misiniz, en çok neleri kolay hatırlarsınız?"

"Komik olayları"

"Güzel, haydi bakalım birkaç arkadaşımız sırayla söylesin."

"Beni en çok etkileyen olayları"

"Abartılı ve sıra dışı durumları"

"Korktuğum ve çok üzüldüğüm anları"

"Hayalimde canlandırabildiğim durumları"

"Aşkımı hiç unutamıyorum hocam"

"Sürekli tekrar ettiklerimi, mesela adımı, telefon numaramı"

"Sürprizleri"

"Bildiğime zıt olan durumları"

"Cinsellikle ilgili fıkraları"

"Gülerek öğrendiklerimi"

"Kendi yaptıklarımı"

"Çok renkli durumları"

"Severek yaptığım hiçbir şeyi"

"Çok teşekkür ederim, hepinizin söylediği birbirinden güzel ve değerli. Söylediklerinizden anlıyorum ki çoğunuz beyninin sağını kullanıyorsunuz.

Eğitim sistemimiz sol beyin odaklı ama bu söylediklerinizin tamamı sağ beyinle ilgili. Şimdi bu bilgiler ışığında kendini, okulu, dersleri, öğretmenleri, başarını ve durumunu yeniden değerlendir bakalım.

Şimdi, seminerin başından beri merakla beklediğiniz bir konuya geliyorum."

"Oh beee, hele şükür geldik."

Bugüne kadar sana söylenenlerin tersini yaparak ilk adımı atabilirsin. Sana, 'Saçmalama yavrum.' dediler ya, sen saçmala, 'İcat çıkartma kızım.' dediler ya, sen icat çıkart, 'Kuralların dışına çıkma çocuğum!' dediler ya, sen kuralları zorla, 'fazla düşünme kafayı yersin.' dediler ya, sen fazla düşün, 'Hikmetinden sual olunmaz.' dediler ya, sen hikmetini araştır.

Haydi Saçmalayalım...

İnsan çocukluktan itibaren beyninin tamamını kullanmaya başlar. Çocuklar hem çok güzel konuşurlar, hem hayal kurarlar. Hem çok akıllı sorular sorarlar, hem de çok yaratıcı sorular. Hem mantıklı olurlar, hem de mantıksız davranırlar. Buradan da anlıyoruz ki çocuklar önyargısız oldukları için yeri geldiğinde hem beynin sağını kullanırlar hem de solunu.

Eğitim sistemimiz sol beyin ağırlıklı olduğu için çocukların sağ beyni okulda törpülenmeye başlar. 'Akıllı ol yavrum, mantıklı ol, saçmalama, uslu dur.' gibi kalıplara uymak özendirilir, hatta ödüllendirilir. Sağ beyinden gelenler ise dışlanır, alaya alınır, dalga geçilir, küçük görülür. Bir süre sonra sağ beyin yasak, ayıp, günah, el âlem ne der, disiplin var, gibi zincirlere vurulur ve içine çekilir. İşte o noktadan sonra okul hapishane, öğretmenler gardiyan, derslerse yaklaşılmaması gereken ürkünç varlıklar gibi algılanmaya başlar. Sağ beyin küsmüştür.

Yıldızın sönmeye yüz tutar. Çiçeğin solmaya başlamıştır. Pırlantanın üzeri tozlanmıştır. Cevherin derinlerde kaybolur.

Güneşinin önüne bulutlar doluşmuştur. Kaliteli tohum çürümek üzeredir.

Burada beyninin her iki tarafını harekete geçirmek için birçok teknik ve yöntem göreceksin. Şimdilik iki tanesini anlatacağım sana. Bu zevkli, keyifli ve eğlenceli iki uygulamayı yaparken fark edeceksin ki, sönük yıldızın parlamaya başlıyor. Solgun çiçeğin canlanıyor, tozlu pırlantan parıldıyor, gizli cevherin açığa çıkmaya başlıyor, bulutların arkasında güneşin de güzel gülümsüyor ve çürümeye başlayan kaliteli tohumun yeniden filizlenmeye başlıyor.

İçindeki muhteşem kapasiten harekete geçmeye başlıyor. Sağ beynin kendisiyle ve etrafıyla barışmaya başlıyor."

"Hocam siz şimdi anlatırken bile heyecanlanmaya başladım, uygulamaya geçtiğimizde ne olur kim bilir?"

"Ne olacak biliyor musun, kendini yeniden doğuracaksın."

"Peki, bunu nasıl bir uygulamayla başaracağız."

"Saçmalayarak."

"Ne?"

"Evet saçmalayarak."

"Nasıl yani?"

"Bugüne kadar sana söylenenlerin tersini yaparak ilk adımı atabilirsin. Sana, 'Saçmalama yavrum.' dediler ya, sen saçmala, 'İcat çıkartma kızım.' dediler ya, sen icat çıkart, 'Kuralların dışına çıkma çocuğum!' dediler ya, sen kuralları zorla, 'Fazla düşünme kafayı yersin.' dediler ya, sen fazla düşün, 'Hikmetinden sual olunmaz.' dediler ya, sen hikmetini araştır."

"Bu kadar mı hocam?"

"Hayır, bu daha önsözü, giriş ve gelişme bölümü de var."

"Giriş ve gelişme bölümünde neler var?"

"Beyni geliştiren, daha doğrusu sağ beyni harekete geçiren yöntemlerden birisi BAĞLAMA tekniğidir. Şimdi size bağlama tekniğini aksatmadan yapmanız için 1050 kelimeden oluşan bir liste dağıtılacak, bu 1050 kelimeyi her gün 50 tane olmak üzere 21 günde birbirine bağlayacaksınız."

"Neyle bağlayacağız hocam, iple mi?"

"Yok yavrum zincirle..."

Ha ha ha ha...

"Arada böyle tatlı espriler yapman inanıyorum ki sağ beynini uyarıyor ve zihnini canlı tutuyor. Ayrıca dikkatinin derse yoğunlaşmasını artırıyor.

Biraz önce neleri kolay hatırlayabildiğinizi sordum, siz de cevap verdiniz. İşte kelimeleri de az önce nasıl hatırladığınızı söylediğiniz şekilde yani; komik, abartılı, sıra dışı, rengârenk, mantıksız, akıl dışı, edepsiz ve saçma sapan bir şekilde bağlayacaksınız. Hemen birkaç örnek yapalım.

Size verilen liste GÜL kelimesi ile başlıyor.

GÜL	FIRIN
TREN	HALI
KEMER	KARACİĞER
SAKIZ	PRİZ
MARTI	GİTAR

Şöyle bir bağlantı kurduğunuzu düşünün. Elime bir gül aldım, trene bindim, kemerim takılıydı, sakız çiğniyordum. Bir martı uçtu ve fırının üzerine kondu. Fırının yanında halılar vardı. Annem karaciğer pişiriyordu, priz bozuktu ve ben gitar çaldım.

Kelimeleri böyle sıralamak sağ beynin gelişimine hiçbir katkı sağlamaz, sol beyin bu kelimeleri sadece duyar o kadar.

Bir de şöyle deneyelim;

"GÜL", "TREN"e binmiş ve onu kullanıyor. Hayal etsene gül trenin kumandasında ve onu kullanıyor. Tren "KEMER"ini bağlamayı unuttuğu için vagonun birisi ayrılıyor. Sen bir "SAKIZ" olarak onu yapıştırmak istiyorsun. Sakız. Bir "MARTI" gelip sakızı yutuyor, fakat sakız martının ağzına yapışıyor. Martı sana arkasını dönüyor, aaa bir de bakıyorsun ki martının kıçı "FIRIN" olmuş ve fırından"HALI"lar çıkıyor, gözünün önüne getirsene her biri futbol sahası kadar olan bir halı.

Şimdi ne yaptık, gülü trene şoför yaptık, mantıksız geldi. Tren hiç kemer bağlar mı? Vagonları birbirine sakızla bağlaman saçma sapan bir şey. Ya martının kıçının fırın olmasına düşünsene, ne kadar da saçma bir şey. Ya o fırından ekmek yerine çıkan halılara ne demeli?

Şimdi kendi kendine bu abartılı hikâyeyi yeniden düşün ve bir film gibi hayal et. Hepsini hatırlayabiliyor musun?

Bugünden itibaren şunu yapmanı istiyorum. Listedeki kelimeleri, birinci günden başlayarak her gün 50 tane olmak üzere aynen anlattığım gibi birbirine bağlıyorsun. Yaptığın bağlantı akıllı, mantıklı, düzgün, normal ve sıradan değil, sıra dışı, ilginç, mantıksız, gülünç ve dikkat çekici olmalı.

Kurguladığın resimlerde abartma yap ve onları hareketlendir, maddeleri olağanüstü olarak hayal et, bir kelimenin yerine diğerini kullan ve her kelimeyi mutlaka kendisinden sonrakiyle ilişkilendir.

Bağlama yöntemi aslında bir antrenmandır, bir beyin jimnastiğidir. Bu yöntem hem sağ beyni harekete geçirir, hem de beynin her iki bölümü arasındaki bağı güçlendirir.

İlk başta biraz zorlanabilirsin, çünkü bugüne kadar hep sıradan yaşamaya, akıllı olmaya ve mantıklı düşünmeye alıştırıldın. İnsanın alışkanlıklarını kırıp terk etmesi kolay olmayabilir. Sen sabırla, kararlılıkla, vazgeçmeden bağlamayı sürdürdüğünde beynin bu yeni duruma alışır ve harikalar yaratmaya başlar. İlk başta yaptığın komik bağlantılara kendin de gülersin, hayret edersin. Sen güldükçe beynin rahatlar ve esnekliği artar. İşte bu sırada beyni geliştirmek için yapacağın zorlamalar çok yarar sağlar.

Bu uygulamayı 21 gün yaptığında beynin sıra dışı düşünme, hayal kurma, abartma, fotoğraf olarak algılama konularında otomatikleşir. Başta zorlandığın bağlantıla rı sen hiç farkında olmadan beynin kendiliğinden yapmaya başlar. Bir sporcu maça çıkmadan önce sahada antrenman yapar, mesela şınav çeker, mekik çeker, zıplar, yatar, sürünür, ayaklarını havaya kaldırır, arkadaşını sırtında taşır. İlk bakışta bunlar sana saçma veya gereksiz gelebilir. Arkadaşını sırtında taşıyan bir futbolcuyu gördüğünde, 'Aaa şuna bak, gol atacak futbolcunun yaptığı şu saçmalığa bak.' diyebilirsin. Bununla beraber maça çıkıp 90 dakika oynayan bir futbolcunun dayanıklı olması, güçlü kalması ve gol atması için bu hareketler yararlı ve gereklidir, bunları yapmazsan sahada on dakika bile koşamazsın.

Bağlama yöntemi ile ilgili söyleyeceklerim şimdilik bu kadar. Sorusu olan var mı?"

"Hocam neden 21 gün?"

"Davranışların alışkanlıklara dönüşme süresi 21 gündür de ondan. Başka bir özelliği yok."

"Diyelim ki bu bağlamayı 15 gün yaptık. Sonra üç gün ara verdik. 21 gün sıfırdan mı başlıyor?"

"Buradaki asıl amaç şu: Beynin her iki tarafının çalışıp duyduklarını kamera gibi kaydetmeye başlaması, yani öğrendiklerini hayalinde canlandırabilmeye başlaman önemli. Bunun için kendini 21 günle sınırlandırma, belki bazı arkadaşların 30, bazıları 40 gün yapacaklar. Bazı arkadaşların günde 50 yerine 100 kelime bağlayacaklar belki de...

Önümüzdeki derse kadar bir hafta boyunca bağlamayı yapın bakalım, yani aklınızı ve mantıklı tarafınızı bir kenara koyup bir hafta boyunca saçmalayın. Neler yaşayacağınızı, nelerle karşılaşacağınızı ve ne gibi sonuçlar alacağınızı hep beraber göreceğiz."

"İkinci uygulama ne hocam?"

"Bir ay boyunca her gün yarım saatini ayırarak kullanmadığın elle yazı yaz. Sağ elinle yazıyorsan bu uygulamayı sol elle, sol elinle yazıyorsan bu uygulamayı sağ elle yap. Hatırlıyor musunuz, beynimizin sağı vücudun solunu, beynimizin solu vücudumuzun sağını yönetir demiştim.

Bugüne kadar hep sağ elle yazdıysan sol beynin aktiftir, ancak sağ beynin körelmiş olabilir.

Diğer elle yazı yazmaya başlandığında çok zorlanabilirsin, harfler kargacık burgacık, ters ve biçimsiz çıkabilir, hatta yazdığın yazıyı kendin bile okuyamayabilirsin. Buna takılmadan devam et. Bugüne kadar pasif kalan beynin harekete geçerken başın ağrıyabilir, bu geçici bir ağrıdır, korkma.

Yaklaşık bir ay boyunca bu iki uygulamayı yaptıktan sonra ne olacağını biliyor musun?"

"Bilmiyorum."

"Yap da gör neler oluyor."

"Neler olacağını sorsak bile söylemeyeceksiniz."

"Nedenmiş o?"

"Siz şimdilik merak etmeye devam edin, zamanı geldiğinde anlatacağım, diyeceksiniz de ondan."

"Senin gözünden de bir şey kaçmıyor Burcu."

"Hocam ben de merak ediyorum, bu uygulamalar öğrencilerin dersi daha iyi anlamalarına doğrudan bir katkı sağlayacak mı peki?"

"Yaşar müdürüm şimdi sana burada yaptığımız uygulamaların başarıya katkısını öyle bir yaşatacağım ki ömür boyu unutamayacaksın öğrendiklerini."

"Bunu çok isterim hocam."

"Bak sonra pişman olmayasın."

"Pişman olmak mı? Şeyyy... Bu nasıl olacak, nasıl unutmayacağım?"

"Ne o müdürüm yoksa korktun mu?"

"Hayır, korkmadım da..."

"Korkmadın ama bir de da'sı var. Korkmadım da..." "Merak ettim sadece."

"Peki, sen bekle. O an gelinceye kadar meraktan çatlamazsan iyi."

Beyefendi çocuklarınıza neden sahip çıkmıyorsunuz? Başkalarını rahatsız ettiklerini görmüyor musunuz? Böyle umursamazlık olur mu? Çocuklarınız ne yaptıklarını bilmiyorlar, siz de mi bilmiyorsunuz? Yeter artık, sahip çıkın çocuklarınıza, böyle ilgisizlik, böyle anlayışsızlık olur mu?

Bakış Açısı Nasıl Değişti?

Genç adam yanındaki üç çocuğuyla birlikte trene bindi. Yorgun bir vaziyette kendisini boş bulduğu bir koltuğa attı. Yanında çocukları olduğunu unutacak kadar bitkin görünüyordu.

Çocuklar yerinde duramıyorlardı. Bazen koridorda koşuyorlar, bazen ayaktaki yolculara çarpıyorlardı. Yolcular homurdanmaya başladı. Birisi yanındakinin duyabileceği kadar yavaş bir sesle arkadaşına söylendi:

"Adama bak yaa. Hem çocuklarını trene bindiriyor, hem de onlara sahip çıkmıyor."

"Haklısın, böyle başıboş bırakılır mı çocuklar?" Yaramazlıklar artmaya devam ediyordu. Biri karşısındaki adamın gazetesine vurup kaçıyor, biri kardeşinin sırtına atlıyor, diğeri de yüksek sesle bağırıyordu. Yolcuların asılan yüzü iyice gerginleşti. Kimisi "Bunlar ne biçim çocuk yaa..." diye söyleniyor, kimisi çocukları azarlamayı düşünüyordu. Aralarında onları dövmemek için kendini zor tutanları bile vardı.

Çocuklardan birinin eli yaşlı bir adamın gözlüğüne çarpıp onu düşürünce kızgınlık ve öfke tavan yaptı. Kaşlar çatıldı, sesler yükseldi. Yolculardan biri dayanamayıp çocukların babasına bağırdı:

"Beyefendi çocuklarınıza neden sahip çıkmıyorsunuz? Başkalarını rahatsız ettiklerini görmüyor musunuz? Böyle umursamazlık olur mu? Çocuklarınız ne yaptıklarını bilmiyorlar, siz de mi bilmiyorsunuz? Yeter artık, sahip çıkın çocuklarınıza, böyle ilgisizlik, böyle anlayışsızlık olur mu?"

Camdan dışarı bakan baba bağıran yolcunun sesiyle irkildi, kendini toparladı. Çevredekilerin sert bakışı, asık yüzü ve kızgınlığı adamın ve çocukların üzerindeydi;

"Af edersiniz beyefendi, haklısınız, doğrusu ben ne yapacağımı bilmiyorum, çocuklarım da şimdi ne yapacaklarını bilmez durumdalar. Mezardan geliyoruz, eşim öldü de... Çocuklarım annesizliğin verdiği çaresizliği yaşıyorlar. Sizi rahatsız ettik, üzgünüm, çok özür dilerim."

Adamın bu sözleriyle trendekilerin çocuklara bakışı tamamen değişti. Asık suratlar yerini gülümseyen yüzlere bıraktı. Öfkeyle merhamet yer değiştirdi. Az önce çocuklara vurmak için hazırlanan eller şefkatle dokunmak için uzandı. Homurdanmaların yerini sevgi sözcükleri aldı. Babanın sözleri sanki tatlı bir rüzgâr gibi esti ve çocuklarla yolcular arasındaki öfke, kızgınlık, ayıplama ve suçlama bulutlarını alıp götürdü.

* * *

"Şimdi size soruyorum, trende ne oldu?"

"Hocam, insanlar önce önyargılı davrandılar."

"Çocukların neler yaşadığını bilmeden onlara yargılayıcı bir tavırla yaklaştılar."

"Anlamadan, dinlemeden suçladılar."

"Belki kendi çocuklarının da olduğunu o an düşünemediler."

"Çocukların davranışlarını yetişkin gözüyle değerlendirdiler."

"Kendi çocuklarına olan kızgınlıklarını ve öfkelerini o çocuklara yansıtmış olabilirler, yani oradaki çocuklarda kendilerini görmüş olabilirler."

"Farkında olmadan çocuklara haksızlık yaptılar."

"Bilip bilmeden onları suçladılar."

"Peki ondan sonra ne oldu?"

"Babanın anlattıklarından çok etkilendiler."

"Duydukları yeni bilgilerle bakış açılarını tamamen değiştirdiler."

"Kızgınlıktan sevgiye, öfkeden merhamete, suçlamadan anlayışa doğru bir dönüşüm yaşadılar."

"Çocuklara daha empatik, anlayışlı ve sevecen yaklaştılar."

"Paradigmaları, yani bakış açıları tamamen değişti."

"Çok teşekkür ederim, ne kadar doğru tespitler yapıp isabetli değerlendirmelerde bulunuyorsunuz böyle.

Şimdi düşün bakalım bu seminerde neler oluyor? Daha önce kendine, ailene, okuluna, derslerine ve hayatına nasıl bakıyordun? Şimdi burada duyduğun konuşmalarla, yaptığın uygulamalarla ve aldığın bilgilerle bundan sonra hayatında neler olacak, aileni ve arkadaşlarını nasıl algılayacaksın, kendi hayatına nasıl bakacaksın, okulu, dersleri ve öğretmenleri nasıl değerlendireceksin?"

"Hocam anladığım kadarıyla buraya kadar anlattıklarınız ve yaptırdığınız uygulamalar bizim bakış açımızı olumlu yönde değiştirmeye katkı sağlayacak öyle mi, doğru anlamış mıyım?"

"Bu seminerde gerçekleştirmeyi düşündüğüm amaçlarımdan biri bu."

"Peki derslerle ilgili bir örnek verir misiniz hocam?"

"Yani ben şimdi öyle bir şey anlatayım ki sizin derslere bakışınız olumlu yönde değişsin, öyle mi?"

"Bunu çok isterim hocam, küçük bir örnek bile yeterli benim için."

İşte seninle dersler arasına da kara bulutlar girmiş. Derslerin güzelliği, tatlılığı, zevki, ışığı, mutluluğu, geliştiriciliği ve harika bilgileri görünmez duvarları aşıp sana gelemiyor. Korkular, tehditler, not baskısı, sıkıcı anlatımlar öyle bir duvar örmüş ki sen bu duvarları aşamıyorsun, daha doğrusu şimdiye kadar aşamıyordun.

Bak Seni Kimle Tanıştıracağım...

Bugüne kadar kim bilir kaç defa tarih dersi gördün değil mi? Osmanlı Tarihi, İslam Tarihi, Türk Tarihi, İnkılap Tarihi...

Tarih dersiyle ilgili nasıl bir duygu ve düşüncen var?"

"Sıkılıyorum hocam."

"Öğretmen anlatırken uykum geliyor."

"Niye öğrendiğimi bir türlü anlamıyorum."

"Hiç merak etmediğim konuları neden kafamıza sokmak için uğraşıyorlar ki?"

"Bir sürü isim, bir sürü savaş, bir sürü tarih, bir sürü antlaşma maddeleri."

"Bence okullardan tarih dersi kalkmalı."

"Ben geçmişi değil geleceği merak ettiğim için çok sıkılıyorum bu dersten."

"Savaşların sebeplerini, sonuçlarını ve komutanların adlarını ezberlemekten bıktım hocam yaa."

"Şu sınavlar bitsin var ya, tarih kitaplarını götürüp tuvalete atacağım ve üzerine yapacağım..."

"Bu kadar nefret ediyorsun yani?"

"Evet hocam."

"Söylediklerinizden anladığım kadarıyla tarih derslerini hep sol beyin odaklı işlemişsiniz."

"Nasıl yani?"

"Dinle, ezberle, anlat, madde madde öğren, rakamlar, tarihler, sayılar değil mi?"

"Evet."

"Söylediklerinizi ve yaşadıklarınızı anlıyorum, çok da haklısınız. İsterseniz bir de sağ beyni devreye sokarak tarih dersine bir başka açıdan bakalım."

"Aman hocam istemem kalsın, tarihin adını bile duymak istemiyorum."

"Tamam canım sen şimdi kulaklarını kapatıp uyuyabilirsin ama birazdan arkadaşlarının neden gözyaşı döktüğünü merak edersen sana ayrıca anlatmayacağım."

"Gözyaşı mı? Tarihle mi ilgili yani?"

"Evet."

"Tarih dinlerken gözyaşı dökmek..."

"Olamaz mı?"

"Olmaz hocam."

"Birazdan görürüz oluyor mu, olmuyor mu?

Hani geçen ders sormuştun ya sağ beyni geliştirmek derslere nasıl bir katkı sağlayacak diye, şimdi onu seninle paylaşmak istiyorum. Sağ beyinde ne vardı; duygu, hayal, merak, hareket, heyecan, yaşamak.

Şimdi bedenin burada kalsın, hayalen benimle gel. Haydi, kalk birlikte kurtuluş savaşını yaptığımız yıllara gidelim.

Anladığım kadarıyla seninle dersler arasında görünmeyen bir duvar var. İnsanla güneş arasına kara bulutlar girince ne olduğunu biliyorsun değil mi? Güneş ışığı o bulutları aşıp dünyaya gelemiyor çünkü bu kara bulutlar güneşin ışığını ve sıcaklığını emip içinde tutuyorlar. Sen güneşi göremeyince onun ışığının ve ısısının yok olduğunu düşünüyor musun?

İşte seninle dersler arasına da kara bulutlar girmiş. Derslerin güzelliği, tatlılığı, zevki, ışığı, mutluluğu, geliştiriciliği ve harika bilgileri görünmez duvarları aşıp sana gelemiyor. Korkular, tehditler, not baskısı, sıkıcı anlatımlar öyle bir duvar örmüş ki sen bu duvarları aşamıyorsun, daha doğrusu şimdiye kadar aşamıyordun."

"Şimdi aşabilecek miyim?"

"Evet."

"Peki nasıl?"

"Bugüne kadar yere paralel yürüdüğün için etrafındaki duvarlara toslamışsın. Şimdi bedenin burada kalıyor ve biz hayalen yükselip duvarların üzerinden geçerek gidiyoruz."

"Nereye?"

"Az önce dedim ya, kurtuluş savaşı yıllarına. Güçlü kuvvetli bir adam düşün. Gençliğinde hiç kimsenin saldıramadığı bu adamın yaşlılığını hayal et şimdi... Gücü gitmiş, beli bükülmüş bu aciz adama 8–10 kişi saldırmış, onu dövüyorlar.

Osmanlı Devleti'ni düşün şimdi de. 600 yıl yaşamış, dört kıtada hüküm sürmüş ve kimsenin değil saldırmak, yan gözle bile bakamadığı bu devlet şimdi zayıflamış ve gücünü kaybetmiş. Yıllardır bu anı bekleyenler her bir taraftan saldırıp yere yıkmışlar ve parçalamak istiyorlar.

İngilizler İstanbul'dan, Yunanlılar Ege'den, İtalyanlar Akdeniz'den, Fransızlar Güneydoğu'dan, Ermeniler Doğu Anadolu'dan...

Hayal edebiliyor musun?

Şimdi seni bir çocukla tanıştıracağım. Aslında çocuk mu, büyük mü buna sen karar vereceksin.

Bakalım onunla tanışınca neler olacak, onun yaptıklarını ve yaşadıklarını öğrendikten sonra sende meydana gelecek değişiklikleri çok merak ediyorum."

"Hocam kim o, şimdi burada mı?"

"Birazdan gelecek."

"Seminere neden katılmıyor?"

"Katılmasını o kadar çok isterdim ki... Ona ders vermek için değil, ondan ders almak için, ellerini tutmak, onunla okula gitmek için, onu oyuncakçıya götürmek için, annesiyle babasının ellerini öpmek için. Yaptıklarını şurada sadece beş dakika anlatması için neler yapmazdım biliyor musun?"

"Tanıştıracağınız çocuktan mı ders alacaksınız?"

"Evet."

"Siz onu ne zaman tanıdınız?"

"Geç tanıdım geç. Onu tanıdığım gün kendimi yeniden sorguladım, hayatımı gözden geçirdim ve ne kadar boş yaşadığımı fark ettim. O gece uyuyamadım, sabaha kadar ağladım, önünde saygıyla eğildim. Sonra hayat benim için yeniden başladı."

"Hocam çok merak ettim, gelsin artık, ne zaman tanışacağız?"

"Gelsin mi?"

"Evet, gelsin hemen."

"Peki, çağırıyorum."

Hasan, vakit gece yarısını geçerken kendi köyüne atılacak mermilerin, silahların, topların ve tüfeklerin bulunduğu cephaneliğe girdi. Demek bütün bunlar köyündeki yaşlıları, çocukları, kadınları, teyzeleri öldürecekti.

Hasan'ın gözünün önüne bu mermilerle vurulan annesi geldi ve bir de şu kılıçlarla parçalanan kardeşi Halime...

Küçük Kahraman

Adı Hasan, soyadı yok. Kendisi Kahramanmaraş'ın bir köyünde doğmuş. Babası savaşa gidip şehit olmuş, annesi ve dört yaşındaki kız kardeşiyle birlikte yaşıyorlar köyde. Fransızlar Kahramanmaraş'ı işgal etmişler ve köylere doğru yayılıyorlar. Hasan'ın köyünde hiç genç yok hepsi savaşa gidip bir daha dönmemişler. Kadınlar, kızlar, çocuklar ve yaşlılar var. Birkaç da gazi var, kiminin kolu yok, kiminin bacakları. Savaşta yaralanıp gelmişler.

Bir gün köylüler düşmanın köye doğru yaklaştığını haber aldılar. Daha güvenli olur diye dağa doğru kaçmaya karar verdiler. Yanlarında götürebilecekleri eşyaları toplarken Hasan geldi yanlarına:

"Bu ne telaş dede?"

"Geliyorlar yavrum geliyorlar."

"Kim geliyor?"

"Düşmanlar geliyor, onlarla savaşacak gücümüz yok, o yüzden dağa gidiyoruz, orada saklanırız."

"Hayır, hiçbir yere gitmiyoruz dede, hiç kimse gitmiyor."

"Korkunun ardındaki umutla baktılar 12 yaşındaki Hasan'a."

"Benim cesedimi çiğnemeden hiçbir düşman bu köye giremez. Gitmiyoruz ve burada kalıyoruz."

"Düşman çok yaklaşmış Hasan, onlara karşı koyacak gücümüz yok ki."

"Var dede var, cesaretimiz var, imanımız var, dualarımız var."

Önce kararsız kalsalar da sonra güvendiler Hasan'a. Babasının savaşta şehit olduğu haberi gelince çok ağlamış, sonra hırslanmış ve düşmanı memleketten kovmaya yemin etmişti. Tanıyan herkes onu sever ve kendisine güvenirdi. Annesi onu kahramanlık ninnileri söyleyerek uyutmuş ve cesur bir çocuk olarak büyütmüştü.

Eşyaları toplamaktan vazgeçip köylerinde kalmaya karar verdiler. Hasan'ın cesareti onlarda bir huzur oluşturmuştu.

Düşman askerinin köye doğru yaklaştığı haberi daha sık gelmeye başladı. Bir süre sonra haberlerin doğru olduğu anlaşıldı, çünkü Fransız askerleri köyden görülebilecek bir yere kadar gelip karargâhlarını oraya kurdular.

Kimse dile getirmese de herkesin içinde aynı korku vardı:

Ya düşman köye girmeye kalkışırsa?

Hasan o gece uyumadı, uyuyamadı. Düşünüp durdu, bir şeyler yapmalıyım, bir çare bulmalıyım, Allah'ım yardım et bana, küçücük çocukların, yaşlı teyzelerin ve dedelerin hatırına yardım et.

Sabah kalktı, kimseye fark ettirmeden düşman karargâhına yaklaştı, etrafını dolaştı, yaptıkları barakalara baktı ve akşamüzeri geri döndü köyüne. Hasan her sabah köyden ayrılıyor, düşmana yaklaşıyor, onları gözetliyor ve neler yaptıklarını anlamaya çalışıyor, akşam da eve dönüyordu.

Bir gün yine gitti, bu defa iyice yaklaştı, ortalıkta kimse görünmüyordu. Biraz daha yaklaştı ve ensesindeki kocaman eli hissedince irkildi. Yakalanmıştı. Fransız askerin dediklerini anlamıyordu. Onu alıp karargâha götürdüler. Biraz Türkçe bilen biriyle sorguya çektiler:

"Kimsin sen, adın ne?"

"Hasan, şu karşıdaki köyde oturuyorum."

"Kaç yaşındasın?"

"12."

"Burada ne geziyordun?"

"Merak ettim bakmaya geldim, daha önce hiç yabancı birini görmemiştim."

"Doğru söyle seni kim yolladı, sizin askerler mi?"

"Kimse yollamadı, kendim geldim, hem bizim köyde asker yok ki."

"Kim var köyde?"

"Yaşlılar, çocuklar, kadınlar."

"Peki, asker var mı doğru söyle."

"Hayır yok."

"Tamam, sana inanıyorum, sen iyi bir çocuğa benziyorsun, şimdi gidebilirsin, istediğin zaman da buraya gelebilirsin."

Hasan serbest bırakılışına şükrederek döndü köyüne ve o gün yaşadıklarından hiç kimseye bahsetmedi.

Fransız komutan Hasan'ın arkasından bakarken düşüncelere daldı. Bir süre sonra yardımcılarından birine seslendi:

"Bu çocuğa dikkat edin, geldiği zaman iyi davranın, korkutmayın, güvenini kazanın, ondan istihbarat alabiliriz."

Bir süre sonra Hasan'ın ortalıkta görünmemesi köylülerin dikkatini çekti ve düşman karargâhına gittiği duyuldu:

"Düşmanla görüşüyormuş, iş birliği yapıyormuş, bunu seviyorlarmış, tabii severler, onlara haber götürüyormuş." Bu tür dedikodular yayılıyordu köyünde. Yaşlı amcalar ve dedeler önce bir şey demediler Hasan'a, çünkü hainliği yakıştıramıyorlardı, böyle bir şey yapacağına asla ihtimal vermiyorlardı.

Hasan, köy kahvehanesinin bulunduğu meydandan geçerken başını öne eğiyor ve duyduklarından sonra kimsenin yüzüne bakamıyordu. O geçip giderken yüzüne karşı bir şey söylemeyen köylüler, arkasından konuşuyorlar ve kendi aralarında homurdanıp duruyorlardı.

Bir gün annesine gittiler:

"Bak Emine Hanım, seni ve kocanı ne kadar çok sevip saydığımızı bilirsin, Hasan'ı da çok seviyoruz, ancak son günlerde onunla ilgili hiç iyi olmayan haberler alıyoruz."

"Hayırdır inşallah nasıl haberler, ne olmuş?

"Hasan'a güvenip dağa gitmekten vazgeçtik, köyde kaldık, ama o şimdi düşmanla görüşüyor. Her gün onların yanına gidiyor. Duyduğumuzda inanamadık, yakıştıramadık, ancak onu takip edip kendi gözlerimizle görünce inandık. Ona bir şeyler söyle ve kendisine sahip çık."

Emine Hanım duydukları karşısında düşmemek için zor tuttu kendini. Yıkılmıştı adeta. Akşam Hasan geldiğinde onu karşısına aldı ve duyduklarını bir bir anlatıp nedenini sordu.

"Merak etme anne köyde yapacak iş yok ki, ben de gezmeye gidiyorum, hakkımda dedikodu çıkarıyorlar. Ben babamın öcünü alacağım, o düşmanların hepsini ya öldüreceğim ya da buradan kovacağım, sen bana dua et." deyip sarıldı annesine.

Emine Hanım'ın yüreğine su serpilmişti sanki.

Annesinin Hasan'a engel olmadığını gören köylüler kızmaya başladılar. Hasan'ın düşman karargâhından döndüğünü zannettikleri bir akşam yolunu kestiler:

"Bana bak hain, anneni kandırdın belki ama bizi kandıramazsın. Düşmanla iş birliği yapan bir vatan hainiyle aynı köyde yaşamak istemiyoruz. Yarın buradan defolup gidecek ve bir daha asla dönmeyeceksin. Hepimiz sana inandık, güvendik, varlığımızı sana emanet ettik. Sen ne yaptın, düşmana hizmet ettin. Babanın kemikleri sızlıyordur, yaptıklarını görseydi yerin dibine girerdi, utanırdı senden. Şimdi anladın mı? Defolup gideceksin buradan!"

Hasan hiçbir kelime etmeden sustu, başını öne eğdi ve söylenenlere cevap vermedi. Eve geldiğinde annesinin öfkesiyle karşılaştı:

"Yeter artık yeter! Çık git artık bir daha da gelme, ben seni helal sütle büyüttüm, abdestsiz emzirmedim. Bunu mu yapacaktın, bunları mı duyacaktım. Senin gibi evladım yok artık anladın mı yoook!"

Hasan yine sessiz kaldı, usulca içeri girdi. Her gün annesi ve kardeşiyle aynı odada yatıyorlardı. O gün annesi öfkesinden diğer odaya gidip orada yatmıştı.

Yine uyuyamadı Hasan. Yatağında mışıl mışıl uyuyan kardeşi Halime'nin yanına oturdu, alnına bir öpücük kondurdu, yanaklarını ve saçlarını okşadı. 'Benim canım kardeşim' diye mırıldanmalarına yanaklarından aşağıya süzülen gözyaşları eşlik ediyordu.

Sabah ezanı okunurken kardeşini bir daha öpüp kalktı. Annesinin yattığı odanın aralık kalan kapısından baktı. Uyuyordu. Yanına yaklaşsa, dokunsa, öpse uyanırdı. 'Seni seviyorum anne, çok seviyorum. Senin için yaşadım.' diye fısıldadı kendi kendine ve usulca ayrıldı evden.

Köy meydanından geçerken önceki akşam kendisine kızan yaşlılardan birkaçına rastladı. Sabah namazı için camiye gidiyorlardı:

"Hâlâ gitmedin mi sen? Bak bu seni son görüşümüz olsun, git ve bir daha da adımın atma buraya, köye yaklaşma bile, hangi cehenneme gidersen git."

Hasan bu defa başını öne eğmedi ve gülümseyerek baktı kendisini köyden kovanların yüzüne. Sonra usulca ayrıldı yanlarından.

Gün ağarmaya başladığında köyünden uzaklaşıp düşman karargâhına yaklaşmıştı. Dönüp bir daha baktı, doğup büyüdüğü, bu yaşına kadar yaşadığı köyüne. Babasının savaştan dönmesini beklediği ve onun dönmediği günleri düşündü. Çok özlemişti babasını. Şimdi onu görmeyi, ona sarılmayı, onunla sohbet etmeyi, savaş anılarını dinlemeyi her zamankinden daha çok istiyordu.

'Hasaaan' sesiyle irkildi. Arkadaş olduğu Fransız askeri kendisini çağırıyordu.

"Sabah sabah ne geziyorsun buralarda?"

"Sizin yanınıza geliyordum, bugün sizin yortu gününüz ya, kutlamaya geldim."

Komutanların isteği doğrultusunda Hasan'a iyi davranan askerler onu kısa zamanda sevmişlerdi. Kendisine yemek yediriyorlar, birlikte eğleniyorlar ve Osmanlı Devleti hakkında konuşuyorlardı. Hasan karargâhın her tarafına rahatlıkla girip çıkabiliyordu ancak bir tek yer hariç.

"Oraya fazla yaklaşma Hasan."

"Neden? Orada ne var ki?"

"Orası cephanelik, içeride birçok silah, mermi, kılıç ve top var."

"Ne yapacaksınız onları?"

"Saldırıya başladığımızda sizin köyleri ve şehirleri vuracağız."

Hasan gülümsedi askere... Gülümser gibi yapıyordu aslında...

Hasan o gün akşama kadar askerlerle beraber kaldı. Akşam üzeri biri dedi ki; 'Hasan bugün şenlik var, sen de katıl istersen.'

Yortularını kutluyorlardı. Yemekten sonra eğlenceye başladılar. Sürekli şarap içiyorlar, oynuyorlar, neşeli sohbetler ediyorlardı. Fazla içenler yavaş yavaş sarhoş olmaya başlamıştı. Kimi yatmaya gidiyor, kimi olduğu yere sızıp kalıyordu. Birkaç asker zaman zaman Hasan'a da kadeh uzatıyor, Hasan onları alıyor, içiyormuş gibi yapıyor ama içmiyordu.

Vakit gece yarısına yaklaştığında oradaki herkes sızmıştı. Ortalıkta derin bir sessizlik vardı. Hasan bir süre bekledi. Ne gelen vardı ne giden, ne de ortalıkta dolaşan.

Yerinden yavaşça kalktı, kutlama yapılan salonun kapısına doğru yürüdü ve dışarı çıktı. Bir süre kapının önünde bekledi. Dışarıda da kimse görünmüyordu.

Çoktandır içerisine girmek istediği cephaneliğe doğru yürümeye başladı, çok heyecanlıydı. Kapıya 10 metre kalmıştı ki sert bir sesle irkildi.

"Duuuur!"

Olduğu yere çakılıp kaldı. Kapının önünde karanlıktan yüzü seçilemeyen iki asker vardı. Biri seslendi;

"Kimsin sen?"

"Benim asker abi, ben Hasan."

"Hasan sen misin, niye geldin buraya?"

"Size bakmaya geldim, bugün yortu bayramı ya, bakın herkes içip eğleniyor. Hadi siz de eğlenin."

"Olmaz, biz burada nöbetçiyiz."

"Olsun, siz geri gelene kadar beklerim."

"Olmaz Hasan komutan kızar."

"Komutanlar da uyudu, hem benden mi korkuyorsunuz yoksa?"

...

"Hadi siz de gidin, bayramınız kutlu olsun." Gittiler ve bir süre sonra onlar da sızdı bir köşeye.

Hasan, vakit gece yarısını geçerken kendi köyüne atılacak mermilerin, silahların, topların ve tüfeklerin bulunduğu cephaneliğe girdi. Demek bütün bunlar köyünde ki yaşlıları, çocukları, kadınları, teyzeleri öldürecekti. Hasan'ın gözünün önüne bu mermilerle vurulan annesi geldi ve bir de şu kılıçlarla parçalanan kardeşi Halime...

O gece karanlığın en koyu olduğu bir anda tüm köylüler korkunç bir patlamayla uyandılar ve evlerinden dışarı fırladılar. Kulakları delen şiddetli patlamalar ardı ardına gelirken alev bulutları sanki geceyi gündüze çeviriyordu. Herkes telaş ve merak içerisindeydi. Acaba ne olmuştu?

Sabahın aydınlığıyla beraber patlamanın olduğu düşman karargâhına doğru yürüdüler. Oraya vardıklarında gözlerine inanamadılar. Aman Allah'ım her taraf yıkılmış, yanıp kül olmuştu. Çatısı uçan barakalar, paramparça olan cesetler, kullanılamaz duruma gelmiş silahlar, ölen atlar, yandığı için sadece demiri kalmış askerî araçlar.

Ortalıkta canlı namına hiçbir şey görünmüyordu. Etrafı inceleyen yaşlılardan biri bağırdı;

"Koşun koşun bu tarafa gelin."

Cephaneliğin bulunduğu barakanın yakınında yere diz çökmüş dedeye doğru koştular.

Yanında bir çocuğa ait olduğu anlaşılan bir iskelet, birkaç da parçalanmış kemik parçası vardı.

Önce birbirine baktılar sonra gözyaşlarıyla birbirine sordular. Çoğunun ağzından aynı kelime çıktı:

"Yoksa..."

O cephaneliğin yanması ve düşman askerlerinin ölmesi sadece Hasan'ın annesini ve kardeşini değil, tüm köylüleri, çevre köyleri ve Kahramanmaraş'ı kurtarmıştı, hatta tarihten silinmek istenen bir milletin yeniden dirilişinin ilk kıvılcımı olmuştu.

Parçalanmış bir iskeletin ve küçük kemiklerin başına toplanan herkes ağlıyordu. Anlamışlardı Hasan'ın aslında ne yapmak istediğini...

O iskeleti ve kemikleri alıp getirdiler ve köyün mezarlığına gömdüler. Cenaze namazı kılınırken özellikle onu köyden kovan yaşlıların hıçkırıkları birbirine karışıyordu. "Ne yaptık biz Allah'ım, ne yaptık, affet bizi yarabbi..."

"Affet bizi Hasan, affet bizi küçük kahraman..."

Soğuk gecelerde düşman köyüme girmesin diye uykusuz kaldım, annemle kardeşim ölmesin diye çareler düşündüm, ülkem parçalanmasın, benden sonraki arkadaşlarım esir olmasın, köle gibi yaşamasın, istedikleri gibi okusun, başarılı olsun diye bile bile ölüme gittim. Ben ölüme giderken hiç sıkılmadım, arkadaşlarımın benden sıkılması zoruma gidiyor.

Bu Akşam Hasan'ı Evine Misafir Eder misin?

Şimdi tanıştın mı Hasan'la?

Ben tarih kitabını açtığım zaman sayfaların arasında onun ölüme giderken gülümseyen yüzünü görüyorum. Hasan bana ne diyor biliyor musun?

"Hocam kardeşlerime selam söyle, beni hiç tanımayan, belki adımı bile duymayan kardeşlerime, hatta benim yaptıklarımı okurken sıkılan ve belki de benden nefret eden kardeşlerime, abilerime ve ablalarıma çok selam söyle. Benim yaptıklarımı sadece maaşı için anlatan, yüreğini katmadığı için anlatırken sıkılan, öğrenci yi bunaltan, beni örnek alınması gereken bir model yerine öğrencilerin gözünde değersizleştiren, bana karşı öfke oluşmasına neden olan öğretmenler çıkarsa onlara da selamımı söyle. Ben, ne yaptıysam, çok sevdiğim vatanımı, milletimi, köyümü ve ailemi kurtarmak için yaptım.

Biliyor musun hocam, benim hiç oyuncağım olmadı, ben hiç çocuk parkına gitmedim. Babamın elinden tutup beni okula götürmesinin ya da dershaneye yazdırmasının nasıl bir şey olduğunu hiç yaşamadım. Bilgisayarın başına hiç oturmadım, oyun oynamadım, elime hiç telefon almadım, bu telefon eski model, diye anneme küsmedim, elbisem markalı değil diye babama kızmadım, çünkü doğru dürüst ayakkabım ve elbisem olmazdı ki...

Soğuk gecelerde düşman köyüme girmesin diye uykusuz kaldım, annemle kardeşim ölmesin diye çareler düşündüm, ülkem parçalanmasın, benden sonraki arkadaşlarım esir olmasın, köle gibi yaşamasın, istedikleri gibi okusun, başarılı olsun diye bile bile ölüme gittim. Ben ölüme giderken hiç sıkılmadım, arkadaşlarımın benden sıkılması zoruma gidiyor.

Bazı arkadaşlarım onlar için çalışan, uğraşan annebabalarına kızıyorlarmış, onlara benim babamın mezarının bile olmadığını ve onu hiç ziyaret edemediğimi anlat hocam.

Ben gelecekte arkadaşlarımın özgür yaşaması için ölüme giderken bile gururla gittim, hiç korkmadım, sıkılmadım, kardeşlerimin kendilerine başarıya giden yolla rı gösteren okullara giderken neden sıkıldıklarını bir türlü anlayamadığımı anlat onlara."

* * *

Şimdi düşün biraz. 12 yaşındaki Hasan'ı düşün. Ailesini kurtarmak için düşmanın içine kadar giden, girdiği cephanelikte sevdiklerinin yaşaması için kendini feda eden Hasan'ı... Herkesin ayıplaması ve kızması karşısında sesini hiç çıkarmayan, hedefine odaklanan ve özgürlüğünü kazanmak için bütün engelleri paramparça eden Hasan'ı... Bir de kendini düşün. Senin mutlu yaşaman için kendi hayatını hiçe sayan annenle babana neler yaptığını ve onlara nasıl davrandığını... Senin böyle rahat, mutlu, özgür yaşaman için canını ortaya koyan kahramanların hayatını anlatan bir kitabı yere çarparken aslında Hasan'ı çarptığını, ya da adını bile bilmediğin kahramanları çarptığını...

Ve bir de aynaya bak. Kendi gözlerine bak. Neler gördüğünü bir dahaki derse gelince anlatırsın."

"Hocam."

"Efendim Pınar."

"Ya hocam."

"Buyur canım."

Hıçkırıklarını bastırmak için verdiği mücadeleden konuşamıyordu Pınar.

"Canım kendini bırak, rahat bırak, sıkma, bırak duyguların boşalsın."

"Hocam ben utanıyorum valla."

Gözyaşları yanaklarından aşağı süzülmeye devam ediyordu.

"Hocam ben bundan sonra tarih kitaplarını hangi yüzle elime alacağımı bilemiyorum. Nasıl bu kadar kör olabilmişim de bu anlattıklarınızı hiç düşünememişim? Bundan sonra ders kitaplarının sayfalarına göz atamam hocam, karşıma Hasan çıkarsa utancımdan yüzüne bakamam çünkü."

"Pınar, canım benim, dedim ya, bazen kara bulutlar güneşle bizim aramıza girer ve ışığını görmemizi engeller. Bak ne güzel, seninle dersler arasına giren olumsuz duygu bulutları dağılmaya başladı bile."

"Evet hocam çok teşekkür ederim, Hasan'ın kahramanlığı, ailesi ve sevdikleri için hayatını feda etmesi beni derinden sarstı ve silkeledi, darmadağın oldum. Aslında gözüm açıldı, yüreğim nefes aldı, zihnim aydınlanmaya başladı. Sağ olun hocam."

"Senden bir şey istiyorum."

"Buyurun Hocam."

"Bu akşam Hasan'ı evine misafir eder misin? Eve giderken onu da götür. Yemeğini onunla ye, çayını beraber iç. Sonra odana gidin. Köyünü, ailesini ve ülkesini düşmandan korumak için kar, kış, ayaz diye bahane bulmadan geceleri soğukta titreyerek bekleyen Hasan, bakalım senin kaloriferli evini, sıcacık odanı görünce ne yapacak? Onunla sohbet et, sana Kurtuluş Savaşı günlerini anlatsın. Sen de ona bugünleri anlat. Bakalım nasıl bir akşam olacak, merak ediyorum."

"Hocam bu yaptığımız beyin eğitimi mi, duygu eğitimim mi anlamadım gitti."

"Bu anlattıklarım sana öğretilen çağdaş eğitim kuramlarına hiç benzemiyor değil mi Gönül?"

"Evet hocam hiç benzemiyor, hangisi doğru hangisi yanlış karıştırdım."

"Karıştıracak bir şey yok canım. İkisi bir arada olmaz mı? Galiba biz öğrencilerin beynine kupkuru bilgileri doldurmak için uğraşırken onların gönüllerine ve yüreklerine dokunmayı unuttuk. Bizim ısrarla anlatmaya ve ezberletmeye çalıştığımız bilgiler ellerindeki kitaplarda zaten var. Hele internette bizim verdiklerimizden çok daha fazlası var. Bence bilgiyi öğretme devri bitmiştir."

"Nasıl olur hocam, bilgi devri biter mi?"

"Bilgi devri değil Gönül, bilgiyi öğretme ve ezberletmeye çalışma devri bitmiştir. Merak ettiğin bir konunun adını internete yazdın mı, binlerce sayfa bilgi ekrana geliveriyor. Şimdi, öğrendiğin bilgilerle ne yapacağın, onları nerede ve nasıl kullanacağın daha önemli bir duruma geldi."

"Siz semineri bu yüzden mi bilgiden çok duygu ağırlıklı yapıyorsunuz?"

"Evet canım. Beynin, hafızanın ve öğrenmenin eğitimi kolay ve kısa bir sürede olabiliyor da kişiliğin, karakterin, değerlerin ve duyguların eğitimi çok uzun zaman alıyor. Buraya gelen arkadaşlara baktığımda hemen hemen hiçbirinin bilgiyle ilgili bir problemi yok."

"Bazılarının dersleri çok zayıf, demek ki öğrenmek istemiyorlar."

"Bak ne güzel söyledin, 'istemiyorlar.' Haklısın, insanların sevme, merak etme ve ilgi gösterme problemi var. Bilgiden sıkılmıyorlar, öğrenmekten nefret etmiyorlar. Bence bilginin sunuluş biçiminden hoşlanmıyorlar, merak oluşturulmadan öğrenmeye zorlanmaktan sıkılıyorlar. Anne babalarına öfkeli değiller, onların hatalı yaklaşımlarına ve dayatmacı konuşmalarına kızıyorlar. Ben o yüzden onların meraklarını gıdıklıyorum."

"O yüzden mi sordukları her soruya hemen cevap vermiyorsunuz, o yüzden mi 'zamanı geldiğinde anlatacağım' diyorsunuz?"

"Evet. Okulda dersler 40 dakika ve teneffüsü dört gözle bekliyorlar. Burada sabahtan beri daha bir defa ara yaptık farkında mısın?"

"Evet hocam ben de tam ara yapalım mı diyecektim."

"Hayır, ara yapmayalım Gönül ve birazdan bitirelim.

Eğer merak etmeseler, istekli ve hevesli olmasalar beni bu kadar canlı dinleyebilirler mi?"

"Dikkatleri hiç dağılmıyor hocam."

"Marifet bende değil kendilerinde, çünkü öğrenmenin kontrolü artık kendi ellerinde. Akıl, beyin ve yüreklerinin direksiyonuna onlar geçtiler. Bu harika bir durum değil mi?

Şunu da söyleyeyim Gönül, sana güveniyorum. Sen, en son üretilen, taptaze bilgilerle donanmışsın. Yanlış yaptığımda veya bir şeyi eksik bıraktığımda karşıma dikiliyorsun. Sen, Kahraman, Banu ve ekibimizdeki herkes, hepiniz ayrı ayrı ustalarsınız. Misafirlerimizin gönlüne, beynine, ailelerine, çocuklarına, dokunuyoruz hepimiz. Kısaca hayatlarına dokunuyoruz. O yüzden her ne yapıyorsak bir bütün olarak düşünmeli, eksik bir taraf bırakmamalıyız."

Seminerin daha ikinci gününde olmamıza rağmen gözlerdeki ışıltıyı, yüzlerdeki aydınlığı görüyorsun değil mi?"

"Evet hocam daha iki günde böyle harika bir gelişme oluyorsa, on günün sonunda neler olacağını hayal etmek bile heyecanlandırıyor beni."

"Hocam ben de merak ediyorum."

"Duygu, ne zamandır sesin çıkmıyordu, uyudun sandım."

"Evet, uyuyormuşum hocam, bugüne kadar yaşadığım hayatın uykuda geçtiğini anladım biliyor musunuz? Daha yeni yeni uyanıyorum ben."

"Bence sen Aynur'u merak ediyorsun."

"Onu merak ediyorum, bununla beraber yarım bıraktığınız her şeyi çok merak ediyorum."

"Aranızda başka kimse var mı arkadaşlar, merakla bekleyen?"

Şimdi sen değiştin ya, değişmeyenler tarafından ayıplanabilirsin, dalga geçilebilirsin, sana gülebilirler. Kendini, huzurunu, azmini, kararlılığını onlara teslim etme tamam mı? Başta sana gülmeye kalkanların, seninle alay edenlerin, senin başarılarını alkışlayacağı, zaferlerine hayranlıkla bakacağı günler çok yakın. Bugün eve gittiğinde şu cümleyi bir kâğıda yaz ve odana as: 'Başarı bana çok yakışıyor.'

Merak, Merak, Merak...

"Hocam hani dediniz ya 'bir okuyuşta 20–30 sayfanın tamamını öğrenip hiç unutmayacaksınız,' diye. Bunu ne zaman öğreneceğiz?"

"Bütün şairlerin, yazarların adlarını, eserlerini bir defa öğrendikten sonra sınavlarda çok kolay hatırlayabileceğimizi söylediniz ya, ben de onu merak ediyorum."

"Periyodik cetveli zorlanmadan beynimize yerleştirip uzun süre hafızamızda tutmak mümkün mü peki?"

"Öğrenmeyi öğrenme teknikleri her derse uygulanabilir mi, mesela İngilizce, matematik, fizik, kimya derslerine?"

"Bizi zehirleyen düşüncelerden sonsuza kadar kurtulmak nasıl olacak?"

"Geçmişte yaşadığımız ve halen üzülmeye devam ettiğimiz olayları içimizden söküp atmanın tekniklerini gösterecektiniz."

"Hocam bana bir uygulama yapacaktınız ve ben kendimi istediğim üniversitenin bahçesinde bulacaktım ya, aklım hâlâ oraya takılmış durumda."

"Karı koca ilişkilerinin nasıl düzeleceğini ve gelinkaynana olaylarının çözümünü de unutmadım hocam."

"Hocam yapacağınız uygulamayla Duygu bu yıl gerçekten de üniversiteye gidebilecek mi?"

"Ya durun bir dakika, bu ne merak yaa. Ayyy, her biriniz bir yandan saldırıp duruyorsunuz."

"Valla sizden öğrendik hocam."

"Bana bak Ayça Hanım, sen Duygu'yu 17 senede mahvet, harabeye çevir, kızın beyni viran olsun ve ben onu bir saatte düzelteyim öyle mi?"

Ha ha ha ha...

"Valla umudumuz büyük hocam."

"Umut güzel, başta da dedim ya sana verdiğim bir garanti yok. Zamanla, sabırla merak ettiğin bu konula rın hepsini öğreneceksin. Evet, zayıflarını da kurtaracaksın, üniversiteye de gideceksin, geçmişin acılarından da kurtulacaksın, hedeflerine de ulaşacaksın, özgüvenini de artıracaksın.

Eğitim, etkileme değil, etkileşimdir; iletim değil, iletişimdir; elinden tutma değil, elele tutuşmaktır.

Şimdi ben kendi sorumluluğumu alıp on gün boyunca hiç bıkmayacağını düşündüğüm bir eğitim ziyafeti sunacağım. Bu ziyafet senin aklını, duygularını, kişiliğini, mutluluğunu, başarını, gücünü, kısaca hayatını besleyecek.

Peki, sen yemezsen ben ne yapabilirim ki?

Sen de sorumluluğunu aldın ya, problem yok. Sana verdiğim uygulamaları yeteri kadar yapmanı ve iyice hazmetmeni bekliyorum. Sana saçma gelse de, gereksiz görünse de yapman gerekiyor."

"Hocam aklıma gelmişken dün bize bir çatal ve bir bardağı başka nerelerde kullanabileceğimizi sormuştunuz."

"Evet."

"Cevaplarımızı almayacak mısınız?"

"Alacağım Orhan, vakti geldiğinde..."

"Hocam Gönül Aynası'na baktınız mı?"

"Baktım, çok sayıda ağzı kapalı zarf var, demek ki özel şeyler yazmışsınız. En küçük nota kadar hepsini okuyacağım. Yazdıklarınızdan hayata dair çok şey öğreneceğimden eminim. Eğitim karşılıklı etkileşimdir derken bunu kastediyordum. Siz anlattıklarımdan etkilenip bir şeyler öğreniyorsunuz, ben de yazdıklarınızdan.

Önümüzdeki derse gelinceye kadar daha çok yazın. Gönül Aynası, kendinizi özgürce anlatabileceğiniz bir yer olsun. Hiçbiriniz yazıp buraya attıklarınızdan dolayı ayıplanmayacak, dışlanmayacak, suçlanmayacak ve yargılanmayacaksınız.

Yarın okullar açılıyor ve ikinci dönem başlıyor. Okul, dersler, öğretmenler ve arkadaşlar aynı olsa da farklı olan bir şey var."

"Nedir hocam?"

"Sen. Evet sen. Buradan edindiğin donanımla bambaşka bir sen varsın. Hayata olumlu bakan, sahip oldu ğu nimetlerin farkında olup bunlara şükreden, kendini yeniden keşfetmeye karar veren, bunun da ilk adımını atan sen.

Şimdi sen değiştin ya, değişmeyenler tarafından ayıplanabilirsin, dalga geçilebilirsin, sana gülebilirler. Kendini, huzurunu, azmini, kararlılığını onlara teslim etme tamam mı? Başta sana gülmeye kalkanların, seninle alay edenlerin, senin başarılarını alkışlayacağı, zaferlerine hayranlıkla bakacağı günler çok yakın.

Bugün eve gittiğinde şu cümleyi bir kâğıda yaz ve odana as:

'Başarı bana çok yakışıyor.'

Şimdi senden bir şey istiyorum. Haftaya cumartesi günü seminer bittikten sonra saat 14.00'de ailelerle bir toplantı yapacağım. Davetiyeler birazdan sana verilecek. Hem anneni, hem babanı bekliyorum. Senden isteğim şu: O toplantıda ailene neler anlatmamı istersin, evde yaşadığın sorunlar ne, iletişimin nasıl, seni anlıyorlar mı, evinin cennet gibi olması için anne-babana aktarmamı istediğin şeyler var mı?

Bunları birazdan bir kâğıda yazıp Gönül Aynası'na atarsan bana çok kaliteli bir eğitim vermiş olursun. Özellikle içine attığın ve kimseye söyleyemediğin veya söyleyip de dinletemediğin konuları yaz lütfen.

Sana iletişim bilgilerimi de veriyorum. Yaşadığın ilginç, güzel, farklı ve yeni durumları benimle paylaşırsan sevinirim.

Şimdilik bu kadar, gelecek derse kadar sevgiyle kal canım.

Müjdeli haberlerini bekliyorum."

HAYDİ BİZE YAZIN ☺
e-mail: alisanim@yahoo.com
Mektup adresi: P. K. 40 Yenişehir ANKARA
www.sevgiokyanusu.com
www.alisankapaklikaya.com

"Her yıl birinciye diplomasını sayın rektörümüzün verdiğini hepiniz biliyorsunuz, ancak bu yıl çok farklı ve hiç tahmin edemeyeceğiniz birisi verecek. Bilin bakalım kim?" Kimisi vali dedi, kimisi belediye başkanı, kimisi sevgilisi, bazıları da, başkan mı, diye bağırdı. Heyecandan ağzım kurumuştu ve dizlerim titriyordu. meraktan ölmek üzereydim. "İşte şimdi o muhteşem an geliyor. Davet edeceğim kişi aranızdan gelmeyecek bu sefer." Herkes nefesini tutmuş, sunucunun ağzından çıkacak ismi bekliyordu. "Eveeet işte o an... Karşınızdaaa..."

Muhteşem Sürpriz

Ve sunucu yıllardan beri hayalimde kendi kendime söyleyip durduğum anonsu yaptı:

"Okul birincisi Legson Kayira, alkışlarınızla sahneyeee..." Oradakiler çılgınca alkışlıyorlardı beni.

Dört yıl önce bu üniversitenin kapısından girerken ayağımda yıpranmış bir çift ayakkabı vardı, şimdi yeni bir ayakkabı... Dört yıl önce bacağımda yırtık pantolon vardı, şimdi yeni ve ütülü bir pantolon... Dört yıl önce sırtımda eskimiş bir gömlek vardı şimdi birincilik cübbesi... Dört yıl önce elimde bir küçük balta vardı, şimdi üstün başarı diploması... Dört yıl önce hiçbir başarım yokken yanımda ailem vardı, şimdi büyük bir başarım vardı ve ailem çok uzaktaydı. İşte beni üzen tek şey buydu.

Sunucunun işaretiyle alkışlar sustu. Bakışlardan anlaşılıyordu ki herkes bana diplomamı kimin vereceğini merak ediyordu.

Sunucu konuşmaya başladı;

"Her yıl birinciye diplomasını sayın rektörümüzün verdiğini hepiniz biliyorsunuz, ancak bu yıl çok farklı ve hiç tahmin edemeyeceğiniz birisi verecek. Bilin bakalım kim?"

Kimisi vali dedi, kimisi belediye başkanı, kimisi sevgilisi, bazıları da, başkan mı, diye bağırdı.

Heyecandan ağzım kurumuştu ve dizlerim titriyordu. Meraktan ölmek üzereydim.

"İşte şimdi o muhteşem an geliyor. Davet edeceğim kişi aranızdan gelmeyecek bu sefer."

Herkes nefesini tutmuş, sunucunun ağzından çıkacak ismi bekliyordu.

"Eveeet işte o an... Karşınızda Sayın Barbara Kayiraaa..."

Kalbim durdu sandım.

Sahnenin arkasından annem kollarını açmış bana doğru koşuyordu. Evet evet sunucu annemin adını söylemişti. Ben bir adım bile atamadım anneme doğru, çünkü kaslarım kilitlenmiş ve ben olduğum yere çakılıp kalmıştım. Ağzımdan 'Anneee' çıktı sadece, özlem dolu bir 'Annee.'

Sarıldık, sımsıkı... Onun sıcacık kokusunu almayalı tam altı yıl olmuştu.

Tören alanı sevinç çığlıkları ve alkışlardan inliyordu. Gözyaşları sel olmuştu.

Sunucunun sesi güçlü alkışlar karşısında zayıf kalıyordu; "Daha bitmedi. Şimdi de... Karşınızda Sayın Husene Kayiraaaa... Legson'un babasııı..."

Aman tanrım babamdı bu. "Legsooon!" diye çığlık atıyordu babam. Nasıl da kenetlendik uzun yılların özlemiyle.

"Vee... Joseph Kayiraa..."

İnanamıyordum, kardeşim de buradaydı

Bütün misafirlerin çılgınca alkışları dakikalarca sürdü. Annemle babamın gözyaşları ve benim hıçkırıklarım da... Bir de kardeşimin etrafına meraklı bakışları...

Ardından rektör, dekan ve diğer hocalar geldiler sahneye.

Sahneden inerken elini tuttuğum annemin kulağına fısıldadım;

"Bu rüya birazdan bitecek mi anne?"

"Hayır yavrum bitmeyecek, çünkü bu bir gerçek. Yıllar önce gördüğün rüyanın ve kurduğun hayalin gerçeği... Verdiğin mücadelenin ve gösterdiğin kararlılığın gerçeği... Ve bu gerçek artık hiç bitmeyecek.

Dört yıl önce bu üniversitenin giriş kapısından girerken bir soru sormuştum, hatırlıyor musun o soruyu?

"Giriş kapısından okuyacağım fakülteye kadar yürüdüğüm o yolun sonunda beni en çok kimin karşılamasını isterdim biliyor musun?

Annem, babam ve kardeşlerimin..."

Legson Kayira Cambridge Ünv, Profesör – Yazar

Legson Kayira'nın hayatı, Engel Tanımayanlar, (Cynthia Kersey, Beyaz Yayınları) adlı kitaptan esinlenerek yazılmıştır.

Şimdi sen bu kitabın devamını merak etmeye başladın değil mi?

Acaba Duygu sınavı kazandı mı?

Acaba Pınar, Cevher ve Yusuf tüm zayıflarını kurtardı mı?

Acaba GÖNÜL AYNASI'ndan neler çıktı?

Acaba veliler çocuklarını anlamaya başladı mı? Acaba seminerden çıkan öğrenciler okulda ne gibi durumlarla karşılaştı?

Acaba Aynurla Metin Yıldız arasında ne gibi maceralar yaşandı?

Acaba insan göz hareketleri hatırlamayı nasıl kolaylaştırıyor?

Acaba Afrika'dan çıkıp Amerika'ya giden Legson Kayira o günden sonra neler yaptı?

Kimbilir, belki de cevabını en çok merak ettiğin soru:

Acaba bu kitapta yazılan olaylar gerçek mi?

Merak ediyor musun bunları...

Lütfen biraz daha bekle.

..................devamı geliyor...............

21 GÜNLÜK KELİME BAĞLAMA LİSTESİ:

1. GÜN
GÜL
TREN
KEMER
SAKIZ
MARTI
FIRIN
HALI
KARACİĞER
PRİZ
GİTAR
ANNE
ÇEMBER
KİMLİK
PEÇETE
GÖZ
PAPATYA
KABLO
KİRAZ
AYI
DİŞ
BULUT
AFİŞ
SOSİS
ASPİRATÖR
EKMEK
ÇATI
ARABA
SİNGER
FİL
TERE
PİRE
SANDALYE
KASET
YAPRAK
GEMİ
KÜREK
MAŞA
GÜNEŞ
KAKTÜS
ZARF
ÜZÜM
PANTOLON
İNEK
MAKAS
PASO
KOLYE
PİZZA
KARINCA
ŞEYTAN
KİTAP

2. GÜN
DONDURMA
ŞİİR
BİBERON
GAZETE
SAKSI
TABAK
KAZ
ÇOCUK
FLÜT
KIVIRCIK
ŞEMSİYE
GÖKYÜZÜ
SEPET
MAYMUN
HAZİNE
SİFON
HOSTES
TOZ
DEVE
ALIN
MAYDANOZ
HÜZÜN
İZCİ
ŞURUP
KESTANE
ARMUT
JÜRİ
RAKET
FISKIYE
NAZARLIK
İPEKBÖCEĞİ
MÜZE
GONDOL
HABER
ŞİŞE
MASAL
GÜREŞ
PLAJ

BOZA
HİNDİ
LEĞEN
DOKTOR
ZİL
ÜÇGEN
SÖZLÜK
MÜZİSYEN
HARİTA
ÜNİVERSİTE
DEĞNEK
BİSİKLET
TERLİK

3. GÜN

GERGEDAN
ENJEKTÖR
ÖRDEK
ŞAİR
SİS
RESTORAN
ŞAHİN
YUMURTA
EGZOZ
MÜREKKEP
HAVAALANI
GÜVERCİN
DÜĞME
TEBEŞİR
HARF
TAVŞAN
VİDA
ÖRTÜ
MÜHENDİS
KIRTASİYE
DEMLİK
MANTAR
SEDYE
MARGARİN
GÜVEÇ
DEFTER
LAMBA
KÖPEK
BEYİN
KLAVYE
MATKAP
BÖCEK
DİPLOMA
MEHTAP
ANAHTARLIK
ÇUKUR
KAKTÜS
DAĞ
BAYKUŞ
CAM
ALEV
MACUN
KOL
FOTOĞRAF
POSTA
KUMAŞ
HAMAM
TEPSİ
ÇAMUR
İTFAİYE

4. GÜN

PARMAK
KAMERA
TUZ
KIRAVAT
MANTO
KAYISI
EKMEK
ŞORT
BANT
ÇÖL
ÇATI
NİŞASTA
OKUL
PİLOT
IZGARA
MIKNATIS
LEBLEBİ
ÇINAR
TAVA
PİLAV
DELGEÇ
ŞİŞE
DAMAR
PORTAKAL

KURBAĞA
GÖZLÜK
TAKVİM
ŞAPKA
PERGEL
ÇORBA
BALTA
DİREK
ŞIRINGA
MELEK
PERUK
CEYLAN
TERAZİ
BATTANİYE
CADDE
LOKANTA
ATLET
PUSULA
KOLTUK
SİLGİ
ŞİŞ
DAMA
TIRNAK
DARBUKA
RADYO
KEPENK

5. GÜN

SİNEK
KETÇAP
KOVA
DESEN
ŞEFTALİ
KEFEN
ÇERÇEVE
ÇANTA
ŞİMŞEK
HIYAR
HELİKOPTER
SALÇA
KİBRİT
MEKTUP
ÇORAP
SOLUCAN
UHU
PATEN
KURABİYE
PARAŞÜT
KUZU
METRO
TENCERE
ÇEKYAT
AYNA
AYVA
KAPLAN
TESKERE
PIRASA
BİDON
CETVEL
GELİN
TIR
ZEBRA
ROMAN
DOMATES
BATARYA
KÜLLÜK
HARİTA
KAVUN
ÇAKMAK
BERBER
MAŞA
PİPO
KEK
ASTRONOT
BONCUK
MİNDER
TATLI
KEREVİZ

6. GÜN

GÖL
TÜP
LUNAPARK
HURMA
KLİMA
ŞİŞMAN
BEŞİK
HAVUÇ
POĞAÇA
BURUN
ÇELENK

ZÜRAFA
YORGAN
FATURA
SAKAL
İNCİ
FAR
AYRAN
ASKI
ÖRÜMCEK
YOĞURT
SOKAK
NAYLON
MAHKEME
YELEK
EŞEK
BİLYE
TAHTA
MAKARNA
KATALOG
PARFÜM
VATAN
TOKMAK
EMZİK
OKLAVA
AKREP
ASANSÖR
PALTO
ALYANS
KUM
PİRAMİT
ALEV

TÜNEL
PATLICAN
BUĞDAY
KISKAÇ
MATARA
TARAK
HELVA
JANDARMA

7. GÜN

KEMİK
ÇAY
HOPARLÖR
SİMİT
GEYİK
LİRA
EHLİYET
DUŞ
HAMUR
SOBA
KİREMİT
SAÇ
KADİFE
SERGİ
KARPUZ
PAPYON
TAVUK
KIZAK
KAŞ
SAYFA

KASNAK
LİTRE
DEVE
GAZETE
ANTEN
BİKİNİ
SERA
HAKİM
NANE
KALÇA
ECZANE
ZAR
RAKET
TENEKE
ELMA
KUPON
TABUT
AHÇI
KİLİM
AĞIZ
BABA
ELDİVEN
SERÇE
KINA
HATIRA
EV
KABLO
GAZ
MAKİNE
SODA

8. GÜN
KAPI
FUTBOL
TOHUM
KEPÇE
ÇARÇAF
KAFA
AĞAÇ
KUYU
BENZİN
IRMAK
ELMAS
ŞEHRİYE
PANJUR
KATİL
BARAJ
ABAJUR
POŞET
ÇEKİRGE
MAKARA
KÖPÜK
PALET
RAY
KARGA
MASA
PENSE
ZIMBA
SEHPA
YÜREK
ASLAN
KUYUMCU
BANKA
KANEPE
SU
IŞILDAK
FERMUAR
CAMİ
TESTERE
OTOBÜS
DAKTİLO
SALINCAK
SUCUK
KEPEK
EKRAN
LAVABO
HEYKEL
DEMİR
KAPTAN
ÇARDAK
AT
MADALYA

9. GÜN
LOJMAN
KOYUN
ŞAPKA
EVLAT
KURT
SAPAN
SAHNE
ROKET
POSTER
SALATA
LOKOMOTİF
PETEK
TAKSİ
HİLAL
PUL
KURDELA
ÇEKİRDEK
TELEFON
KUTU
BAKLAVA
TAHT
TORBA
MAĞARA
LALE
ROBOT
PİYANO
BİLET
TELEFERİK
KUKLA
GÖMLEK
BİLGİSAYAR
KANAT
TŞÖRT
GARDİYAN
KÜVET
ÇİVİ
PERİ
HAVLU

KEKLİK
SAMAN
KULE
MİDE
HAMAK
BIÇAK
İMAM
HORTUM
BİT
MARKA
KILIÇ
BADEM

10. GÜN

LEYLAK
YAY
PATİK
KÜRSÜ
MAÇ
SAHİL
TANDIR
BOT
MİNARE
KANTAR
NOKTA
MARUL
SARAY
PELİKAN
MUMYA
TIĞ
KAFES
FİDAN
İNCİR
BONCUK
TERLİK
KALDIRIM
TABLO
FASULYE
KERESTE
RENDE
KÜRDAN
VAPUR
KUMBARA
PALMİYE
PEDAL
RAHİBE
BOĞAZ
LOKUM
ŞEKİL
ETEK
GARAJ
KURBAĞA
KARNE
SODA
KERPETEN
ADA
KINA
KELEPÇE
MISIR
KARGA
ZIMBA
DALAK
MIZIKA
ELDİVEN

11. GÜN

PALAMUT
İLAÇ
VALİZ
ALEV
PASPAS
YILAN
ODUN
TÜTÜN
ASKI
YOL
TESBİH
ALBÜM
SÜMBÜL
ÇAMUR
BACAK
KÜREK
HOROZ
PARK
KESE
BALON
KAYIK
TİLKİ
MEKTUP
HİSSE
MENTEŞE

KAŞAR
REHBER
ZEBRA
PAPAĞAN
TIR
KAPSÜL
TATLI
KANTAR
BÜFE
AYAK
KAPAK
TRAKTÖR
CENNET
KASE
ETİKET
KAVANOZ
İMAM
ÜLKE
BASTON
KART
PIRLANTA
TORBA
BIYIK
BAŞBAKAN
SİLGİ

12. GÜN

BARDAK
YARASA
PERUK
İSKELET
MUM
SİLAH
TOKA
KUMSAL
KİRAZ
TAS
ŞORT
KURDELA
ÇİKOLATA
KANGURU
BİLGİN
PAPYON
KREM
ZEYTİN
CEKET
YAĞMUR
RAF
DUMAN
METRE
PEYNİR
ASLAN
SUSAM
DEMET
MAHKUM
PLAK
ADAM
ÇEKİRGE
PAMUK
ŞÖVALYE
BEBEK
ASANSÖR
ÇELENK
ÜTÜ
ÇATAL
PALYAÇO
DİSKET
NOHUT
KAVŞAK
TEPSİ
PERDE
KILIF
SÖĞÜT
MİKROFON
AYVA
BOT
IRMAK

13. GÜN

BALİNA
ÇAKMAK
MÜHÜR
ŞEFTALİ
DEDE
GÜMÜŞ
CEZVE
OLTA
ÇİLEK
JİLET
PİYAZ
KELEBEK

MEKTEP
BAHÇE
KOLONYA
TUTKAL
DERİ
ERİK
GEYİK
KAVAK
SİRKE
FARE
KREŞ
BİLYE
TUĞLA
UYUZ
ÇAM
LABORATUVAR
GARSON
İLİK
KAVŞAK
MANDALİNA
OĞLAK
PAPUÇ
RİCA
SAKSAFON
ŞAL
TEPE
YANARDAĞ
TURP
YAZ
ZAMBAK
DOLMA

KAR
DÜĞÜN
DURAK
KAYA
MENEKŞE
KAPLAN
BERE

14. GÜN

DUDAK
SİS
FLÜT
BUZ
RAF
SOĞAN
KÜVET
ÇEKMECE
BUZDOLABI
KÜTÜPHANE
MİNDER
PİJAMA
GİTAR
ÇEKMECE
KIVIRCIK
ÖRTÜ
FENER
ŞAPKA
KESTANE
KİREMİT
FESLEĞEN

GÖKKUŞAĞI
OTOBÜS
BAKLAVA
İP
KÖPEK
KAYISI
HİKAYE
MERMER
TAVUK
İSTASYON
BASTON
ŞARKI
MEZARLIK
TOP
EFSANE
SANSAR
KULP
SAYAÇ
SOBA
LEBLEBİ
EVRAK
ZURNA
YAMAÇ
KIŞLA
BÖREK
KALEMTRAŞ
GİYSİ
KAN
KEÇİ

15. GÜN

BİBLO
TABANCA
LİDER
DEĞİRMEN
MİRAS
SERÇE
SAVAŞ
ORGAN
ALTIN
PUSULA
SANDIK
BAYRAK
ZÜRAFA
DİL
PARA
KRAL
DAVETİYE
POLİS
BİNA
YATAK
KANUN
BULGUR
AHTAPOT
DEMİRYOLU
KÖŞK
MAHKEME
TÜNEL
BULMACA
KURŞUN
NİLÜFER
DÜRBÜN
KONSERVE
EKMEK
ÇAYDANLIK
ASKER
ÇÖL
ERİK
KAVAL
GÖZLÜK
EL
BAMYA
KÜMES
BURUN
SÜT
ÇİFTLİK
YANAK
MÜZE
ŞEKER
YUNUS
SÜZGEÇ

16. GÜN

BOYA
BUĞDAY
MARŞ
TIRTIL
RÜZGÂR
PORTAKAL
TABURE
KİLİSE
ATEŞ
PASTA
HAVUZ
NAL
LAHANA
CÜZDAN
KULAK
ET
LİF
BİSKÜVİ
NOTA
YASTIK
KAVUN
KAMÇI
KASA
TOHUM
SENET
KUĞU
KLOZET
TÖREN
FERMUAR
ARPA
KALP
BASTON
GÖZ
ŞÖMİNE
SALATA
AKÜ
MANTAR
KEMER

EŞEK
RADAR
KAZAN
ÇADIR
ZAYIF
KAYMAK
AKREP
PAMUK
MANTO
KÖMÜR
MADALYA
EKRAN

17. GÜN

KOMUTAN
ŞEMSİYE
KEPEK
DANSÖZ
NANE
PUL
DAMAR
LAHMACUN
HOCA
MIKNATIS
FISTIK
HAMUR
İSKELE
GAZETE
HOPARLÖR
EVLAT
IHLAMUR
KASNAK
ŞİŞE
ÇATI
SEMAVER
ÇEMBER
ŞORT
TAKVİM
ÇOCUK
PLAJ
EHLİYET
SOBA
LEĞEN
MUZ
KARNE
OK
PETEK
KALKAN
TAS
MAĞARA
KANGURU
SABUN
ÇERÇEVE
GARDİYAN
POTA
CAMİ
KUMSAL
BALTA
HORTUM
KELEBEK
BAKIR
MERDİVEN
BİLGİSAYAR
HAMAK

18. GÜN

BATTANİYE
DİŞ
NARGİLE
MERMİ
ROMAN
LOKANTA
KULAK
POSTER
SERA
HİLAL
ÇİÇEK
DAKTİLO
TESTERE
SAKSI
ŞEFTALİ
KÖPEK
NİŞASTA
PRİZ
DERİ
PUL
KAPTAN
NAR
FIRIN
İŞÇİ
KADIN

MÜZİSYEN
TATLI
BİLEZİK
GÖZLEME
AMBALAJ
UR
ORMAN
İRMİK
ERZAK
SİNİR
ÜNİVERSİTE
ORG
DANA
ARAZİ
İPEKBÖCEĞİ
NAKIŞ
PİDE
ŞİRKET
RADAR
NABIZ
KİTAP
İĞNE
FORMÜL
ZABITA
PERİ

19. GÜN

KUYRUK
FİLE
RÜTBE
GÜVEÇ
PETROL
RÜYA
BÜYÜTEÇ
CADDE
DİPLOMA
GÖMLEK
KULE
OTURAK
TERMOS
KILIÇ
PİL
EMZİK
ADALE
HİNDİ
KIYMA
MÜJDE
KIRBAÇ
DUVAR
GONDOL
MÜCEVHER
SEHPA
TERE
FİŞ
CENNET
KALE
NİNE
FİNCAN
RAKET
TOPUK
DALGA
AYNA
FABRİKA
İTFAİYE
KALEM
OKYANUS
RADYO
KÜREK
MEZARLIK
KARTON
ÖĞRENCİ
KELEBEK
SAKIZ
MARUL
İMZA
MİSAFİR
DOKTOR

20. GÜN

ÜÇGEN
BAL
SARAY
KAPI
FATURA
SİVİLCE
DİREKSİYON
LOKUM
POTA
ZIMBA
SÜNGER
KEMAN

BİLYE
AĞ
JÖLE
MADALYA
PAPAĞAN
TUVAL
DAVUL
BEZELYE
MİNİBÜS
TARÇIN
ÇUVAL
SANDAL
KORİDOR
PİYANO
HALI
SİVRİSİNEK
KÖLE
BANKA
İNCİR
MATKAP
ÖKÜZ
SINIF
TESTİ
DETERJAN
KIYMA
PİRE
KAPAK
MANDAL
GALERİ
KOSTÜM
DÖNER

METRE
HELVA
İS
ÇİLEK
PALMİYE
KONUK
KAKAO

21. GÜN

SİNCAP
TERAS
JETON
PANCAR
KARTAL
BASKÜL
AŞÇI
DİLEKÇE
KAHVE
MACUN
ARI
RANZA
TIRTIL
YORGAN
USKUMRU
MİKROSKOP
KİLİM
AKVARYUM
PATLICAN
KUMBARA
HAMSİ

MEŞRUBAT
DÖVME
ŞEKER
TELEFON
KADAYIF
MERCEK
VAZO
KÖPRÜ
ALBÜM
LÜFER
YILDIZ
OJE
MANTI
VALİZ
CADI
BORNOZ
GAZ
TARTI
NARKOZ
PLAKA
FUTBOL
MERCİMEK
HANÇER
KAZAK
SUSAM
MAHKUM
DANTEL
MİKROFON
CEVİZ

İÇİNDEKİLER

İnsan bir 'güzel' olarak doğar. Büyüdükçe kendini büyük zannedenlerin oturduğu tahtı sallamaya başlar. Minik güzelle baş edemeyen büyükler, öcü, cin ve dev gibi hayali canavarlarla onu uyutmak isterler. Minik güzel büyüdükçe gelenek, ayıp, disiplin, not korkusu gibi gözle görülmeyen silahlarla sindirilmeye çalışılır. Maalesef güzel doğanların büyük bir çoğunluğu daha gençlik çağına gelmeden uyur. Çünkü bizim eğitim adına verdiğimiz bilgilerin çoğu aslında onu uyutmak ve uykusunu derinleştirmekten başka bir işe yaramaz.

Bu kitapta dünyaya muhteşem olarak geldikten sonra iyi niyetlerle uyutulan, içindeki güzelin uyuduğunu fark eden ve onu uyandırmak için çırpınan bir sevgi yolcusunun serüveni var. Eğer sen de içindeki güzeli uyandırmak istersen hadi gel arkadaş olalım. Bu kitabı okuyup arkadaşlığımızın tadına bakman amacıyla gözlerini dört dakika ödünç verirmisin?

İçindeki güzel uyandırmayı beklerken sen hala neyi beklediğini hiç düşündün mü?

KİTAPÇILARDA